U0465637

# 中国文化在朝鲜半岛

魏常海 著

图书在版编目（CIP）数据

中国文化在朝鲜半岛/魏常海著.--北京：中国书籍出版社，2021.1
（中国文化经纬/王守常主编）
ISBN 978-7-5068-8107-4

Ⅰ.①中… Ⅱ.①魏… Ⅲ.①中华文化-文化传播-研究-朝鲜Ⅳ.①G125

中国版本图书馆 CIP 数据核字（2020）第226989号

中国文化在朝鲜半岛

魏常海　著

---

| | |
|---|---|
| 责任编辑 | 王星舒　牛　超 |
| 责任印制 | 孙马飞　马　芝 |
| 封面设计 | 东方美迪 |
| 出版发行 | 中国书籍出版社 |
| 地　　址 | 北京市丰台区三路居路 97 号（邮编：100073） |
| 电　　话 | (010) 52257143（总编室）　(010) 52257140（发行部） |
| 电子邮箱 | eo@chinabp.com.cn |
| 经　　销 | 全国新华书店 |
| 印　　刷 | 三河市富华印刷包装有限公司 |
| 开　　本 | 635毫米×970毫米　1/16 |
| 字　　数 | 145千字 |
| 印　　张 | 14.5 |
| 版　　次 | 2021 年 1 月第 1 版 |
| 印　　次 | 2024 年 9 月第 2 版 |
| 书　　号 | ISBN 978-7-5068-8107-4 |
| 定　　价 | 42.00元 |

---

# 《中国文化经纬》系列丛书
# 编委会

# 总 序

二十世纪三十年代，陈寅恪先生在冯友兰《中国哲学史》下册的《审查报告》中说："窃疑中国自今日以后，即使能忠实输入北美或东欧之思想，其结局当亦等于玄奘唯识之学，在吾国思想史上既不能居最高之地位，且亦终归于歇绝者。其真能于思想上自成系统，有所创获者，必须一方面吸收输入外来之学说，一方面不忘本来民族之地位。此二种相反而适相成之态度，乃道教之真精神，新儒家之旧途径，而二千年吾民族与他民族思想接触史之所昭示者也。"今天读陈先生的话，感慨良多。先生所言之义：佛教传入中国，其教义与中国思想观念制度无一不相冲突。然印度佛教在近千年的传播过程中不断调适，亦经国人改造接受，终成中国之佛教。这足以告知我们外来思想与中国本土思想能够融合、始相反终相成之原因，在于"必须一方面吸收输入外来之学说，一方面不忘本来民族之地位”。这就是我们经常讲的，当下中国文化必须“返本开新”。如有其例外者，则是“忠实输入不改本来面目者，若玄奘唯识之学，虽震荡一时之人心，而卒归于消沈歇绝”。

我以为近代中国落后于西方，不应简单视为文化落后，而是二千多年的农业文明在十八世纪已经无法比肩欧洲工业文明之生产效率与市场资源的合理配置，由此社会政治、国家管理制度也纰漏丛生。由是而观当下之中国，体制改革刻不容缓，而从五四时代以来的文化批判也需深刻反思。启蒙运动对传统文化的批评固然有时代需求，未经理性拷问的传统文化无法随时代而重生。但“五四运动”的先贤们也犯了“理性科学的傲慢”，他们认为旧的都是糟粕，新的都是精华，以二元对立的思考将传统与现代对峙而观，无视传统文化在代际之间促成了代与代的连续性与同一性，从而形成了一个社会再创造自己的文化基因。美国学者席尔思写了一部书《论传统》，他说：传统是围绕人类的不同活动领域而形成的代代相传的行为方式，是一种对社会行为具有规范作用和道德感召力的文化力量，同时也是人类在历史长河中的创造性想象的沉淀。因而一个社会不可能完全排除其传统，不可能一切从头开始或完全取而代之以新的传统，而只能在旧传统的基础上对其进行创造性的改造。此言至矣！传统与现代不应仅在时间序列上划分，在文化传承上可理解为“传统”是江河之源，而“现代”则是江河之流。“现代”对“传统”的理性诠释，使“传统”在“现代”得以重生。由此，以“同情的敬意”理解自己民族的文化传统是当下中国的应有之义，任何历史文化的虚无主义都要彻底摒弃。从“五四”先行者到今天的一些名士，他们对传统文化进行激烈批判，却也无法摆脱传统文化对自己的思维方式和价值观念的影响。这样的事实岂可漠视。

这套《中国文化经纬》丛书是在1993年刊行的《神州文化集成》丛书的基础上重新选目、修订而成。自那时到今天，持续多年的“文化热”、“国学热”，昭示着国人对自己民族文化的认同还处在进行时。文化决定了一个民族的性格，民族性格决定了一个民族的命运。中国文化书院成立至今已有30年了，书院同仁矢志不移地秉承着“让世界文化走进中国，让中国文化走向世界”之宗旨，不负时代的责任与担当。此次与中国书籍出版社合作出版这套丛书，期盼能在民族文化的自觉、自信、自强上有新的贡献。

王守常

2014 年 12 月 8 日

于北京大学治贝子园

# 目　录

# 第一章　中国文化东传朝鲜半岛概况

## 第一节　箕子朝鲜及汉武帝设郡

依据《三国遗事》中的神话传说，古朝鲜的开国者是檀君王俭。当中国的尧即帝位的第五十年，王俭称王，定都平壤，后又移都于白岳山阿斯达，御国一千五百年。后来周武王“封箕子于朝鲜，檀君乃移于藏唐京。后还隐于阿斯达为山神，寿三千九百八岁”①。

檀君神话，无其他史料可考，而箕子封于朝鲜的传说，则又见于中国的史书。《史记》说，箕子是殷商末朝纣王的叔父。纣王无道，杀戮忠臣，箕子谏而不听，“乃佯狂为奴，纣又囚之。”不久，周武王起来“革命”，伐纣成功，“释箕子之囚”②，又请箕子作《洪范》九畴，以明彝论攸叙，“于是武王乃封箕子于朝鲜”③。这是有关古朝鲜的最重要的传说

① 《三国遗事·古朝鲜》。
② 《殷本纪》。
③ 《宋世家》。

之一。

《汉书·地理志》也记载说："殷道衰，箕子去之朝鲜，教其民以礼义、田蚕织作。"他制定了八条法律："相杀以当时偿杀；相伤以谷偿；相盗者男没入为其家奴，女子为婢，欲自赎者，人五十万。虽免为民，俗犹羞之，嫁取无所雠。是以民终不相盗，无门户之闭，妇人贞信不淫辟。"

箕子的传说在朝鲜一直受到重视。高句丽时，所祭祀的神祇以箕子为主。到高丽时代，仍沿袭高句丽的这种传统，再加上对唐宋文化的崇奉，所以一致承认箕子封于朝鲜的传说为事实，尊箕子为理想的君主。当时著名的"事大文书"（主张与中国亲善）中，也把高丽都城称为"箕子之旧城"。肃宗时代，更称本国的礼义教化，都是箕子始创，并专门建立了箕子祠。平壤城外的箕子陵，据说就是那时建立的。到高丽末期，朱子学传入，逐渐支配了全社会的政教文化，高丽遂以"箕子故国"自矜，对箕子的尊崇更进一步，甚至传称平壤西郊为箕子遗址。李氏朝鲜王朝时期，曾刊行有关箕子诸文献的文集，出版了《箕子志》《箕子外纪》等书，还有关于箕子的世系族谱。①

如果箕子封于朝鲜的传说是真实的，那么这应当是公元前10世纪的事情。由此可以推想，在箕子封于朝鲜之前，中国已与古朝鲜建立了联系，否则不可能把他分封到那里。考古学证明，在公元前10世纪，朝鲜半岛的确已与中国有密切

① 《今日的韩国》，潘公昭著，1946年中国图书仪器公司印行。

联系，例如那个时期已具有共同的所谓“巨石文化”。朝鲜半岛发现的那个时期的墓葬石棚（支石墓），分为北方式和南方式两类。北方式分布于半岛中部和北部，与中国辽东半岛发现的石棚属于同一种形式。南方式分布在半岛南部，与中国辽东半岛南端的大连和山东半岛发现的石棚基本一致。①

公元前4世纪到公元前6世纪；中国处于战国时代，许多中国人流亡到朝鲜半岛，带去了大陆的铁器文化。从中国的辽东半岛列朝鲜半岛的西北部一带，出土了许多明刀钱，表明这可能就是铁器文化传播的路线。明刀钱是战国时代的燕国铜币，这种钱币呈刀字形，其中许多钱币表面都刻有汉字。这大概是由于中国北方的居民，曾带着铜铁混合文化由陆路东迁或从事贸易活动，所以这一带就留下了明刀钱的遗迹。

由于铁器文化的传入，古朝鲜出现了铁制的剑、鉾等武器与铁制的锹、犁、镰等农具，战斗力和经济力大为提高。与此同时，还有大量的青铜器物，有些是由中国直接传去的，有些则经过古朝鲜人改造而带有了自己民族的特色。这些铁器、铜器文化又进而传到日本，促成了日本的弥生文化。

秦末战乱，中国的燕、齐、赵等地有多达数万的流民避往朝鲜。汉初，燕王卢绾惧怕汉的压力，叛汉投奔了匈奴，

① 周一良《中朝人民的友谊关系与文化交流》，开明书店，1951年；池明观《韩国文化史》，高丽书林（日），1979年。

燕王的部下卫满（或称魏满）则“聚党千余人”，亡命朝鲜，当时的朝鲜王准（箕准，据说是箕子后代）让他充任北方的防卫。但随着大陆移民的增多，他聚成了一大势力，于公元前 194 年驱走王准，自立为王。他依靠中国先进的铁器文化，统治了古朝鲜。卫满建立的国家，史称卫满朝鲜。

到卫满之孙右渠王时，因其阻碍汉朝与古朝鲜的南部部族通交，同汉朝发生了冲突。公元前 109 年，汉武帝派六万陆军和七千水军进攻卫满朝鲜的首都王俭城，第二年灭卫满朝鲜，于是，在古朝鲜的原属地设置了乐浪、真番、临屯、玄菟四郡，郡下置县，建立起汉朝的统治体制。但到公元前 82 年，真番、临屯二郡即行废止，玄菟郡迫于高句丽部族的压力，也于公元前 75 年把郡治远迁北方，古朝鲜的境内就只剩下乐浪郡（郡治在今平壤乐浪区）了。乐浪郡设置了四百余年，到公元 313 年，终于被高句丽的势力占领。

近半个世纪以来的考古发现表明，乐浪文化以汉文化为背景，曾发展到了相当高的程度。尤其是当时的统治阶层，过着极其豪奢的生活。在原乐浪郡所辖的区域内，出土了数千座乐浪古坟。古坟中的砖室或木棺结构，以至于砖上的花纹和棺上的榫卯，都和中国汉代古墓没有什么区别。古坟中的随葬品有铜器、漆器以及金、银、玉等各种装饰品和优雅的工艺品，象征着乐浪时期繁荣的汉文化。

古朝鲜时期，朝鲜半岛南部还有许多部族，后来逐渐形成了三个部族联盟，这就是马韩、弁韩、辰韩，所谓“三韩”。马韩在汉江流域以南的西半部，辰韩在洛东江之东，弁韩在洛东江之西。三韩地区的发达稍迟于汉江以北的地区，大概是在公元前三四世纪同时引进了青铜器文化和铁器文化之后，才从原始社会进入部族社会。三韩大体是北方移民与当地部族结成的部落联盟，其中马韩的势力最大，常常可以决定辰韩、弁韩的首领。《三国遗事》引《魏志》说，卫满占据古朝鲜时，“朝鲜王准率宫人左右越海而南至韩地，开国号马韩”。

辰韩中有一部分原来是中国秦朝人，因为避秦苦役，所以流亡到三韩地域，马韩首领把他们安置在“东界地”。他们带去了中国文化，与当地人联结成一体。几百年后，其语言中仍保留着中国语言的习惯，如“称国为邦，弓为弧，贼为寇，行酒为行觞，相呼为徒，有似秦语”。所以辰韩“或名之为秦韩”①。

弁韩可能有乐浪设郡时的移民，其地有辰韩人杂居，所以也叫弁辰。弁韩加耶地区发现的金海贝冢中，有汉元凤元年（前79年）铸造的货泉（钱币）一枚，还有纺锤车、琉璃玉、少量石器和大量的铁刀子，说明当时铁器已经被广泛使用。另外，在那里还发现了一把炭化米，这就是韩国最早的金海米。加耶文化或金海文化，带有当地文化与中国文化相结合的特点，例如金海土器，就是原来的土器与中国式灰陶技术相结合而成的红色或青灰色土器。

---

① 《后汉书·东夷传》。

## 第二节　半岛三国与汉唐文化

高句丽、百济、新罗并立的时期，是朝鲜半岛的三国时期。高句丽本是中国东北地方的一个部族，汉武帝设郡时，属玄菟郡所辖。汉元帝建昭二年（前 37 年），其首领朱蒙开国称王，定都卒本（或谓纥升骨城，今辽宁桓仁）。朱蒙死后被尊称为东明圣王。东明圣王之子类利（琉璃明王）继王位后，又迁都尉那岩城（今吉林集安）。高句丽的势力逐渐扩大，到北魏时，已统治了今中朝界河两岸的广大区域。到长寿王（413—491）时，高句丽首都移到了古朝鲜旧都平壤（427）。

百济始祖是温祚王，他是高句丽东明圣王的次子，他于汉成帝鸿嘉三年（前 18 年）率领一批臣民到达汉江流域，在汉城附近的慰礼城（广州）定都称王，国号初为十济，后改为百济。到古尔王（234—286）时，他统治了原马韩占据的整个地域。

新罗是由辰韩发展起来的，传说其始祖姓朴，名赫居世，汉宣帝五凤元年（前 57 年）即位称王，国号徐那伐，以金城（今庆州）为都城。到智证王四年（503 年），才正式定国号为新罗。此后逐渐强盛起来，在 6 世纪中叶统一弁韩，占据了整个洛东江流域。662 年又依靠唐朝力量灭掉百济，668 年又灭高句丽，统一了大同江以南地区，实现了三国的统一。大同江以北的高句丽旧领域内，曾建有渤海国，受唐朝控制。

新罗后期发生战乱，9 世纪末和 10 世纪初，先后有甄萱建立后百济国，弓裔建立后高句丽国（后改国号摩震，又改为封泰），形成了短暂的后三国时代。直到 918 年，王建取代弓裔建高丽国，935 年和 936 年新罗、后百济降服，朝鲜半岛才建立起统一的高丽王朝。

有关三国的史料，今天保存下来的不多。据说三国都曾编纂过自己的史书，高句丽在建国之初即编写《留记》，后来编成百卷，大概是大事记那样的东西。高句丽末期又有《新集》五卷，是在《留记》基础上写成的高句丽史书。百济在近肖古王时代（346—375）编纂了《书记》，后来又有《百济记》《百济本纪》《百济新撰》等。新罗也在 545 年奉王命编纂了《新罗史》。

但是，所有这些三国时代编写的史籍全都没有保存下来，大概是毁于战火了。今天尚存的有关三国的最早的历史书，是高丽时代金富轼撰写的《三国史记》（1145 年）和一然禅师的《三国遗事》（1275—1281 年间），此外就是中国史书中的有关记述。不过，近几十年来考古方面的成就，对研究三国文化很有帮助。

三国之中，高句丽地理位置距中国最近，所以汉文化最先传入。据《三国史记》记载，高句丽在“国初”就已经使用汉字，第二代王琉璃王（前 19—公元 19 年）还创作了四言汉诗《黄鸟歌》：“翩翩黄鸟，雌雄相依，念我之独，谁其与归?”小兽林王二年（372 年）即设立太学，以儒学为主要内容，教授贵族子弟，培养官吏。据《旧唐书》记载，高句丽后期，地方村落中“造大屋”“设扃堂”，大概是民间办的学堂，教平民子弟读中国儒家典籍。可见，当时汉文化在高句丽已经相当普及和深入。

到7世纪中叶，高句丽更加积极地吸收唐朝先进的文化，还派遣留学生赴唐，入国学学习，由唐朝直接培养精通中国文化的人才。

372年，中国前秦王苻坚遣使送名僧顺道携带佛像、经文到高句丽，从此，高句丽开始建佛寺，传播佛教。高句丽僧人慧慈，在日本推古天皇时代到日本，成为圣德太子之师。到7世纪初，中国道家书籍和道教也在高句丽传播开来，并一度相当兴盛。

中国艺术对高句丽的影响，可以从出土的古坟壁画中窥知。壁画大致分为三个时期，第一个时期是4世纪末到5世纪的作品，分布在东北地方南部、乐浪故地和今平壤周围。内容多是社会风俗画、生活风俗画、图案画和神灵画，与中国的古墓壁画类似。例如，其壁画中表现青龙、白虎、朱雀、玄武四神形象的四神图，在从6世纪后期到7世纪末的高句丽古坟中，常常占据主壁的地位，而在中国的汉代墓葬里就已经发现了同样的四神图。

百济的开国之王温祚王本来是高句丽始祖东明王的王子。既然高句丽“国初”即使用汉字，第二代琉璃王（温祚王之兄）又作汉诗，那么就可以设想，当温祚王带大批高句丽臣民南迁而建百济国时，汉字和汉文化也必定同时传到了百济。公元3世纪后半期，百济就建立了儒家教育制度，据《古事记》和《日本书纪》所说，当时有百济博士王仁到日本献《论语》和《千字文》，这是日本有儒学之始。后来又有百济五经博士段杨尔等赴日，传授以五经为中心的儒家文化。由此可见，儒家文化在百济已相当昌盛，并且对日本文化产生了重大影响。据说，当时百济人所著的《百济记》《百济新撰》《百济本纪》，后来成了《日本书纪》的重要参考资料。①

佛教传入百济比高句丽稍晚。384 年，胡僧摩罗难陀自东晋到百济，第二年，百济“创佛寺于汉山，度僧十人”，佛教从此开始流布，并逐渐兴盛起来，进而又传到了日本。6 世纪 30 年代和 40 年代，百济屡次遣使访问中国的梁王朝，求得《涅槃》等经义，同时聘请了《毛诗》博士和一些工匠、画师，从而更推动了儒学、佛教、工艺美术等中国文化的各个方面在百济的传播。

新罗在三国中开国最迟，其对中国交通须经由高句丽和百济，因而文化发展也晚于高句丽和百济。《梁书》说，新罗建国之初，“其国小不能自通聘使……无文字，刻木为信，语言待百济而后通焉。”但是，新罗的前身是辰韩，辰韩中有一部分人是秦朝时流亡去的中国人，很难设想他们不会带去中国文字和文化。

自公元 6 世纪以后，新罗与唐朝往来密切。6 世纪以前，新罗国号、王号皆用当地语言称呼，而且变动不定。如国号

① 《今日的韩国》，潘公昭著。

称徐那伐、斯卢、斯罗等；王号称居西干、尼师今、麻立干等。6世纪初，才改用汉文称国号、王号。6世纪中叶，修成汉文新罗国史。到7世纪40年代，开始派留学生到唐朝“入国学”，学习唐朝的典章制度和思想文化。新罗的留唐学生中，有不少在唐朝应试中举，并在唐朝做过官，其中最著名者是崔致远。

在7世纪中后期，强首、薛聪等人总结了朝鲜半岛人民长期使用汉字的经验，创造出了“吏读”文字。“吏读”是用汉字的音表示当地语言中的助词、助动词等，夹在汉文中间，以帮助读解汉文书籍。这是新罗人民的一大创造，也是对汉字的一个贡献。

到7世纪80年代，新罗自己设立了国学。747年，“置国学诸业博士、助教。”国学规定以五经、《论语》、《孝经》、《文选》等为学习科目，还设有从中国传去的算学和医学、天文学等科技方面的课程。788年，又“定读书三品制”，依学者对中国的经、史、子、集了解的广泛和深入程度，分为上、中、下三等，量才登用，从而培养出一大批熟悉中国文化又在各方面做出成就的人才。

佛教传入新罗，大约是在公元5世纪前半期。当时有高句丽僧人到新罗传扬佛法，渐渐出现了信奉者。但起初新罗最高统治阶层排佛者甚多，他们认为“僧徒童头异服，议论奇诡，而非常道”①，因而强烈反对引进佛教。但近臣异次顿

① 《三国史记·新罗本纪》。

极力主张接受佛教，并于 528 年殉教而死。以此为契机，佛教才得到国家的正式承认，并逐渐采取积极支持和保护的政策，大寺院不断建立，派到唐朝的留学僧也日益增多。佛教广泛流传开来，甚至有几位国王也曾削发为僧。中国的佛教宗派差不多都传到了新罗，因而有义湘、元晓等高僧辈出。

统一新罗时代正当唐代文化的极盛期，中国六朝以来的文物大量输入，佛教艺术也因而达到顶点，其中最具代表性的是庆州吐含山的石窟庵和佛国寺，据说是景德王时代（742—765 年）的宰相金大城发愿营造的。石窟庵基本上是模仿中国的石窟，只不过中国是用自然岩石营造，而石窟庵是用的人工花岗岩石。石窟分为平面矩形前室和平面圆形后室，中间有过道连通。后室天井为穹隆，后室圆形平面直径是二十四唐尺，周围壁高相当于以平面圆形半径十二唐尺为一边的正方形的对角线之长，恰与窟内中央手结印契、结跏趺座的本尊佛的高度相同。窟的入口也是十二唐尺。本尊佛像以及后室、前室、过道石壁上的十一面观音菩萨、十弟子、四天王、两仁王、八部众等雕像，皆栩栩如生，颇具唐风。

佛国寺的遗址也可以看出中国唐代佛寺的艺术风格。其堂塔有回廊环绕，回廊以四十三唐尺为基准；东西之长是四十三唐尺的四倍，南北之长是其五倍。寺的正门紫霞门前，有精美的白云桥和青云桥，紫霞门西侧有奇拔的泛影楼基柱。毗卢遮那佛像及多宝塔、释迦塔、八方八刚座等，熔造型美与佛教信仰于一炉。

此外，从《三国史记》《三国遗事》的有关记载和出土文物中还可以看出，三国的天文、历法及工艺美术等许多方面，都有很大的发展进步，并且从中体现出中国文化的巨大影响。

这里值得注意的是，当新罗统一了高句丽、百济后，东亚的唐朝、新罗、日本，无论是各自国内还是三国之间，都处在比较安定和平的环境中，出现了一个长达二百余年的繁荣昌盛的文化交流时期，可以说，由此便奠下了所谓“东亚文化圈”的基础。中国唐王朝时期是从618年至907年，统一新罗时期是从668年至935年，而日本则自645年大化革新确立起古代天皇制，直到10世纪中叶，也正是奈良、平安文化的兴盛时期。在这个历史时期，中国、新罗、日本三国的文化密切联结起来，隔离三国的海洋看上去恰如同一文化圈中的内海一样。这个文化圈的文化内容，核心是五经、《论语》等儒家文化和佛教文化。在这个文化圈中，中国文化处在领先的地位，中国文化首先在朝鲜半岛传播、发展，然后又经朝鲜半岛东渡至日本。

## 第三节　高丽王朝与宋元文化

高丽王朝的开创者是松岳（开城）地方的豪族王建。他在918年取代后高句丽王弓裔，建立起高丽王朝，定都开京（开城）。935年，新罗敬顺王举国归服王建，936年又灭掉后百济。这样，高丽王朝统一了朝鲜半岛，直到1392年被朝鲜王朝所代替。

高丽文化是统一新罗文化的继承和发展。新罗致力于输入盛唐文化，为此后全面吸收中国文化打下了基础。高丽王朝继承其大业，进一步大力输入中国文化，使朝鲜半岛的文化与中国文化更紧密地联结起来。高丽高宗（1215—1260年）以前，在新罗时代输入的唐代文化的基础上，又加上了宋代文化。高宗以后，主要引进宋代的新文化。而在元宗（1260—1275年）时，高丽服属元朝，元帝室与高丽王室建立起亲戚关系，于是高丽子弟中多留学元都者，他们成了在朝鲜半岛传播程朱理学的先驱。

高丽建国之初，就采取了敬佛崇儒并重的政策。从光宗九年（958年）起，正式实施科举制度，每三年进行一次科举，分制述、明经、明法、明算、明书、医业、咒禁、地理诸科。要想成为高级官僚，必须通过制述、明经两科中的一科。最受重视的是制述科（进士科），其考试科目是经义、诗、赋、策等，必须通过三场考试（三场制）才算合格。合格者依其成绩分为甲、乙、丙、同进士四种。到肃宗时（1096—1105年）取消了甲科，规定乙科三人，丙科七人，同进士二十三人，共取三十三人，据说这是为了与佛家的三十三天相应。

到第六代王成宗（982—997年）时，更强力推行崇儒政策。他为了革除佛教的弊害，取消了燃灯与八关两项佛事，并与此同时创设了国子监，地方也开设了儒教学校。此外，他又派学者入宋，积极引入中国的儒教文物。

贵族子弟为了通过科举而当官，就必须首先接受学校教育。官学在京城有国子监、东西学，在地方有乡校。国子监包括国子学、太学、四门学之儒学部和律学、书学、算学之技术学部，是综合性的教育机构。学部不是依学科的内容划分，而是依入学者的身份划分。国子监的教学内容有所谓"七斋"，即丽泽斋（《周易》）、待聘斋（《书经》）、经德斋（《诗经》）、求仁斋（《周礼》）、服膺斋（《礼记》）、养正斋（《春秋》）和讲艺斋（武学），后来讲艺斋废去，只剩下六斋。1119 年，国家设立了养贤库，这可以说是对学生们的奖学和福利机构。养贤库到朝鲜王朝时改为成均馆，起着同样的作用。

官学之外，高丽的私学也极发达，其教育成效甚至超过国子监等官学。私学的开创者是当时的名儒崔冲（984—1068年），崔冲二十二岁科举及第，后来官至宰相之位，文宗称他是"累代儒宗，三韩耆老"。他退官后于 1055 年七十一岁时开办学校，"收召后进，教诲不倦，学徒坌集，填溢街巷"①。崔冲分设乐圣、大中、诚明、敬业、造道、率性、进德、大和、待聘等"九斋"，教育学生，所以他办的学校称为"九斋学堂"。他的学生人称"侍中崔公徒"，"凡应举子弟，必先隶徒中学焉"。崔冲卒后谥文宪，后来"凡赴举者，亦皆隶名九斋籍中，谓之文宪公徒"。因而时人尊称崔冲为"海东孔子"②。

崔冲办学不久，又有十一位儒臣受崔冲启发，退官后相

①② 《高丽史·崔冲传》。

继开办学校，所以当时有“十二徒”之说，侍中崔公徒（文宪公徒）之外，还有匡宪公徒、南山徒、西园徒、弘文公徒、文忠公徒、良慎公徒、贞敬公徒、忠平公徒、贞宪公徒、徐侍郎徒、龟山徒等十一家门徒弟子。由此，以儒学为主要教育内容的私学名声大振。办私学的风气一直持续到高丽王朝末年；三百余年间培养出许多如金仁存、尹彦颐、郑知常、金富轼那样的文人学者。

忠烈王（1275—1308 年）和忠宣王（1309—1314 年）时，积极采取振兴儒学的政策。就在此时，程朱理学自元传到了高丽。忠烈王针对当时“儒士唯习科举之文，未有博通经史者”的情况，要求国子监要让“通一经一史以上者教授国子”。他借助崇奉朱子学的儒者安珦的力量，完善国学，建立孔庙，又扩充了养贤库。

忠宣王长期居住在元朝首都，并在元朝首都设立“万卷堂”，组织元朝和高丽的一些学者收集中国的经史资料，进行认真研究。高丽学者白颐正、李齐贤、朴忠佐等人，就是在那里开始研究程朱理学，并把程朱理学传播到高丽的。高丽末期，又出现了李穑、郑梦周、郑道传、权近等理学者，形成高丽末期的新官僚群体，他们不仅在学术方面有重大影响，而且在政治方面也发挥了重要作用。

中国的五代和北宋时期，曾有不少文人学士移居高丽，他们得到高丽朝廷的重视和优遇，对在高丽传播中国文化作出了贡献。例如后周人双翼，956 年随册封使到高丽，高丽国王光宗请求把他留下来，并委以重任。高丽设科举制，就是采纳双翼的建议而实行的。

高丽时代，佛教受到王权的特别保护，佛教界实行了像科举制度那样的僧科制度，僧官的登用分教宗和禅宗两科进行考试，合格者可以获得“大选”的法阶，然后依次晋升为大德、大师、重大师、三重大师，与官阶类似。禅宗可成为禅师、大禅师，教宗可成为首座和僧统。僧侣的最高名誉是王师、国师，相当于高丽王的顾问。

高丽僧人中，义天很是著名，他曾入宋求法，回国后在高丽开天台宗。他编纂了《义天续藏经》，影响颇大。据说日本还有义天编纂的《新编诸宗教藏总录》，称为“义天录”。

在《义天续藏经》之前，高丽已刊行过《大藏经》，共六千余卷。《大藏经》和《义天续藏经》的版木收藏在大邱的符仁寺，但可惜于13世纪初毁于战火。从1236年起，高丽重刻《大藏经》，花了十五年的岁月，到1251年才告完成，这就是至今仍流传的《高丽藏》。其刻版达八万六千六百多块，现保存在庆尚北道陕川的海印寺里。这些佛经的刊行，不仅促进了佛教文化的发展，而且推动了高丽木版印刷术的进步，并进而导致了金属活字排版的诞生。

高丽初期，华严、天台两教盛行，高丽后期禅宗压倒教宗。禅僧智讷（普照国师）主张教、禅调和，提倡顿、渐并行，定、慧双修，在当时佛教界很有影响。他的思想被朝鲜王朝的禅僧休静所继承。

中国宋代，朝廷常向高丽赠送书籍，内容除文史之外，还有医书、佛经佛典等诸多种类。高丽也常通过民间交易途径重金收购有价值的中国书籍，收集的书籍又重新加以刊行、珍藏。因而高丽所藏中国书籍极其丰富、齐全，宋哲宗称高丽“书籍多好本”，并开列了一个大书单，希望高丽宣宗能向中国提供。书目内容广涉经、史、子、集等中国各方面的书籍，多达一百二十余种，四千九百八十余卷。

与此同时，高丽王朝也很重视修史事业，现存最早的两部史书《三国史记》和《三国遗事》，就是出自高丽时代，两书都是用汉文书写的。《三国史记》是仁宗时（1123—1146年），金富轼奉王命而编纂的，意在发露“君臣之善恶，臣子之忠邪，邦业之安危，人民之理乱”①。其体例完全仿中国正史，记述了三国时期一千年的历史，分为本纪、年表、志、列传，共五十卷，体现出儒教的历史观。

《三国史记》编成后过了一个世纪，忠烈王时代的一然禅师撰成《三国遗事》，记载纪传体的《三国史记》所未能包含的内容，其中有丰富的民间习俗内容和神话传说，还收有新罗的诗歌、乡歌十四首，贯穿着佛教的历史观。

除两部书外，据说还有郑可臣的《千秋金镜录》、闵渍的《本朝编年纲目》、李齐贤的《世代编年》、金宽毅的《编年通录》等汉文史书，但今已失传。李承休的《帝王韵记》二卷至今尚存，这是用汉诗的形式咏赞中国和韩国（朝鲜）历代帝王的治绩的一部书。关于佛教人物，觉训编有《海东

① 《三国史记》序文，《进三国史表》。

高僧传》，但现今只有其中的一部分保存了下来。

高丽前期的文学，其素材多是神话、传说，如李仁老的《破闲集》、李奎报的《白云小说》和《李相国集》、崔滋的《补闲集》，以及稍后李齐贤的《栎翁稗说》，都属于这一类。高丽后期，诗歌文学发达起来，略分为两种类型：一种是汉文学系统的诗歌群，如《翰林别曲》《关东别曲》《竹溪别曲》等，一般称之为“京畿体歌”。另一种是高丽歌谣性质的诗歌群，一般称之为“高丽俗谣”或“古俗歌”。高丽歌谣没有乡歌那样的佛教色彩，多包含着民众的乐天情趣和丰富联想，并重视音乐性的要素，宜于在舞台上咏诵。因为高丽还没有自己的固有文字，所以书面流传还是要借助汉文或吏读文字，民间则常用自己的语言口碑相传。高丽末期，由于儒学特别是程朱理学的影响，歌谣中的乐天倾向逐渐减弱，其伦理教化意义则逐渐增强，从而朝着朝鲜王朝的时调方向发展。

高丽艺术和新罗时期的艺术一样，仍在佛教的影响之下，并与中国的佛教艺术相通。例如高丽时代的石塔，明显是受宋塔的影响。高丽末期的敬天寺石塔，是元朝工匠参与建造的，共有十层，基坛和塔身都有佛菩萨群雕，生动形象。但许多宫殿寺院都毁于战火，留存至今的并不多。

书法方面，高丽前期盛行欧（欧阳询）体，后期盛行赵（赵孟頫）体，僧坦然、崔瑀、柳伸、金巨雄、洪懂、李嵒等，都是高丽朝书道大家。绘画方面，受中国山水画影响较深，明显带有北宋画风，李宁的《礼成江图》，恭愍王的

《野猎图》，都是当时名作。而高丽末期的儒者李齐贤更为杰出，人称其诗、书、画为三绝。

高丽的音乐，盛行从中国宋朝传入的大晟乐（雅乐）。1116年，高丽睿宗遣使到宋都学雅乐，宋徽宗赠送给他们大晟乐和各种伴奏乐器，以及舞衣、乐服、衣冠、仪物，从此以后，大晟乐便成了高丽的正乐。大晟乐有太庙乐章等十几首歌曲，伴以文舞、武舞，广泛用于宫廷的郊礼、宗庙祭礼、文庙祭祀及宫廷宴乐等方面。高丽末期又引进明朝的雅乐，也用于宫廷的祭祀。大晟乐之外，还有统一新罗时期传下来的中国音乐，叫作唐乐。高丽时代，唐乐歌曲有献仙桃、寿延长、五羊仙、抛球乐、莲花台等四十多篇，用唐笛、洞箫等唐代中国乐器伴奏，同时有舞蹈相配。唐乐在高丽初期盛行，中期以后被雅乐压倒，呈现衰落的趋势。

雅乐、唐乐之外，高丽还有自己的民族传统音乐，这称为乡乐，又叫俗乐。乡乐之中，也包含着唐乐以前所传入的中国音乐的成分，但内容主要是高丽歌谣。另外，高丽民间还有一种山台剧，是假面剧，在燃灯会、八关会等例行的佛事中演出。剧中人物的木制假面，表情十分丰富，吸取了中国假面乃至日本假面的特长，同时又带有浓厚的民族色彩。

高丽的工艺技术，也与中国有密切的关系。例如高丽的瓷器，起初受唐代瓷器的影响，多呈黑灰色。后来受宋朝瓷器制作技术的影响，尤其是浙江越州窑生产瓷器的还原焰法传到高丽，从而制作出了有名的高丽青瓷。高丽青瓷的样式花纹分两种，一种是纯青瓷，属高丽青瓷的前期，颜色呈蜜色或翡色。这个时期的代表作有仁宗长陵（1146 年）中出土的盖盒、瓜形瓶、方形台，还有狮子形香炉、鱼龙形酒煎子、鸭形砚滴等。再一种是镶嵌青瓷，属高丽青瓷的后期，其特点是运用了青嵌法，瓷器未干时阴刻纹样，在阴刻部分填上白土，预燔之后再涂青瓷釉，然后再行火燔。纹样采用云鹤、杨柳、宝相花、菊花、唐草、石榴等。这个时期的代表作有时宗智陵（1197 年）出土的石榴文碗、菊花文碟，文氏墓（1159 年）出土的菊花文碟、宝相花文碗，还有首尔梨花女子大学所藏的竹文瓶，德寿宫美术馆所藏的牡丹文梅瓶等。高丽后期，青瓷技法受元朝影响，产生混乱，高丽青瓷由此便衰退下去。

高丽的印刷事业极为发达，大量刊印佛经、佛典和各类汉文书籍，推动了印刷技术的大发展。中国在北宋庆历年间（1041—1048 年），毕昇发明了活字排版，但其活字是用胶泥制的。毕昇的活字排版法传到高丽后，在其基础上，高丽又发明了金属活字。金属活字的印刷始于 1234—1241 年间刊印的《详定古今礼文》五十卷（崔允仪撰），使用的是铜制活字，这比西方德国首先使用金属活字要早二百年，比中国使用铜活字也早得多。

明朝初期，中国与高丽友好往来，大力支持高丽“造船捕倭”，从而火药制造技术也传到了高丽。明太祖曾应高丽请求，为其捕倭船只配备“合用器械、火药、硫磺、焰硝等物”，并且派人帮助高丽用硝和硫磺配制火药，但这时火药的配制方法还没有传给高丽。后来，高丽门下府事崔茂宣从赴高丽的江南客商那里打听到制造火药的要领，经研制而成功。从此，高丽设火㷁都监，负责制造火药和大炮。火药的使用，大大推动了高丽武器的进步，对荡平倭寇起了很大作用。

高丽恭愍王时，棉花种植技术从中国元朝传到了高丽，促成了高丽服饰和织造业的变革。中国北宋时，福建、广东一带已经种植棉花，南宋时更推广到长江流域，到元代，北方也已经广泛种植。14 世纪 60 年代，恭愍王朝臣文益渐“奉使如元”，回高丽时“得木棉种，归属其舅郑天益种之。初不晓培养之术，几槁只一茎在。比三年，遂大蕃衍。取子车、缫丝车，皆天益创之”①。从此，高丽不仅广种棉花，而且棉纺织业也迅速发展起来，改变了此前贵族衣绢、平民衣麻的社会状况，同时棉织品还成了对外贸易的主要出口产品之一。

## 第四节　朝鲜王朝与明清文化

1392 年，李成桂推翻高丽王朝，建立起朝鲜王朝，最初仍以开京为首都，两年后迁都汉阳（今首尔）。朝鲜王朝统治了五百余年，直到 1910 年日本侵占朝鲜半岛。

朝鲜王朝时期，强化了抑佛崇儒的政策，儒教政治得到大力推进。世宗二年（1419 年），仿照唐制创设了集贤殿，这是王室所建立的儒学研究机构。集贤殿定额开始是十人，

---

① 《高丽史·文益渐传》。

后来增加到二十人至三十人，他们的主要工作是教育世子，从事关于制度和历史的研究，进行史书、经典、仪礼、地理、医学等方面书籍的编纂、著述。集贤殿学士是学者的最高荣誉，号为玉堂学士，他们又是国王的顾问或教师，还常常在朝廷里担任要职。他们有时可以得到长期休假，在山寺中专心读书。当时名儒辈出，社会上形成了尊重文人的风气，世宗也因此有“海东尧舜”之称。

朝鲜王朝建立以后，努力强化文人官僚体制，朝廷官僚虽然分为文班（东班）和武班（西班），但文官处于绝对优势，所以国家是文治国家。科举分文科、武科和有关技术方面的杂科，每三年进行一次，其中文科录取名额大大超过武科和杂科，文科中的殿试合格者还可以得到高官。考试内容以中国的四书五经、中国史书及汉文学为主，实行彻底的儒教教养主义。

全国各地设有书堂（家塾或乡塾）。孩子七八岁入书堂，十五六岁毕业。其教育内容，是在教师指导下学习儒教和汉文学的入门书。读完书堂之后，再读首都汉城的四学（东西南中）或地方的乡校。四学或乡校毕业后，便可赴科举考试。朝鲜王朝的最高学府是成均馆，这是王朝的大学。成均馆和乡校都有文庙和明伦堂，文庙是祭祀孔子等儒家圣人的场所，明伦堂则是讲授儒学的课堂。

明朝皇帝常向朝鲜国王赠送中国书籍，如 1426 年赠四书、五经、《性理大全》各一部，《通鉴纲目》一部，世宗王召集百官为此举行贺宴。1451 年，又向朝鲜国王端宗赠《宋史》，满足了世宗、文宗、端宗三代国王的夙愿。朝鲜还通过民间渠道求购中国书籍，并对有价值的书籍进行刊印，如世宗（1418—1450 年）就曾命集贤殿校订《资治通鉴纲目》《楚辞》，编集《韩柳文注释》，然后加以刊行。

朝鲜王朝时期，儒学伦理逐渐融化到国民意识之中，长期支配着人们的思想和行为。而这时的儒学，朱子学占据优势，学习四书、五经，都要以朱子的注释为准。最初是朱子的《易学启蒙》《近思录》《增损吕乡约》和《资治通鉴纲目》等广泛流行，中宗（1506—1544 年）时刊行了《朱子大全》，从此以后朱子学成为官学，背离朱子学的人便被视为“斯文乱贼”。

前期朱子学者中，有金宗直、赵光祖、李彦迪等人较为著名。到 16 世纪时，朝鲜朱子学达到了登峰造极的程度，出现了李滉（退溪）和李珥（栗谷）两位最卓越的理学家。李滉集朝鲜朱子学之大成，有“海东朱子”之称。李珥也对朱子学理论有诸多发挥和发展。这两个人的成就可以说超过了中国同时期的朱子学者。

李氏王朝后期，朱子学走向衰落，注重实际的实学派兴盛起来，相继出现了柳馨远、李瀷、洪大容、朴趾源、朴齐家等一大批实学家，他们特别重视学习中国的文物制度，并通过中国接受西方先进的科学知识。到 19 世纪初，由丁若镛集实学之大成。在实学昌盛的同时，反对朱子学的异端学派——汉学和阳明学也产生了。

对于佛教，朝鲜王朝历代君王则多取排斥态度。太祖李成桂的佛教政策还算比较慎重，但到他的儿子太宗（1401—1419 年）时代，就开始从多方面对佛教进行压制，不但限制寺院的土地和奴婢数量，超过数量的土地和奴婢一律没收充公，同时还规定住寺僧侣也必须参加农业劳动。他又对佛教宗派加以合并、整顿，使佛教在教义的解释上也难以再有独创。虽然后来世祖（1455—1469 年）曾一度采取支持佛教的政策，但世祖之后，排佛政策又居主导地位，直到李氏朝鲜灭亡。

朝鲜王朝时期，有一件特别应当提到的事情，那就是本国文字《训民正音》的创制。新罗时期已经发明了吏读文字，但那主要是用来帮助国人理解汉文的。到朝鲜王朝时，世宗王设正音厅，组织王室研究机构——集贤殿的学者研究本国文字，在 1443 年 12 月制定出二十八个拼音字母，后来定名为《训民正音》，又称谚文，于 1446 年 9 月正式公布。《训民正音》的御制“解例序文”说：“国之语言异乎中国，与文字不相流通，故愚民有所欲言而终不能申其情者多矣。予为此悯然新制二十八字，欲使人人易习，便于日用矣。”从此以后，他们才真正有了本国的文字，用以表记本国人的语言。

《训民正音》是朝鲜王朝许多优秀学者辛勤研究的成果，是本民族人民实践经验和智慧的结晶，同时它又是在长期使用汉字的基础上产生的，广泛吸取了汉文和中国文化，特别是中国音韵学的合理内容。所以《朝鲜王朝实录 · 世宗庄宪大王实录》记述说：“癸亥年（1443 年）12 月，上亲制谚文二十八字，其字仿古篆，分为初、中、终声，合之然后乃成字。”说明《训民正音》在字形和发音方式上与中国文字和中国音韵学有密切的联系，在这方面，已经有许多语言文字学者进行过详细的比较研究。而且事实上，在《训民正音》的制定过程中，有关学者们就认真研究过中国的音韵学，着重钻研过明初的《洪武正韵》。世宗还曾派集贤殿学士成三问、申叔舟等人，先后十三次访问谪居辽东的明朝翰林学士、语言学专家黄赞，直接听取他的意见。

《训民正音》创制后，朝鲜王朝曾用它翻译过许多儒家经典、佛经佛典、诗集、韵书等汉文书籍，并用它编写过《东国正韵》等书籍。起初，《训民正音》并未得到文人学士们的重视，只在平民妇孺间流行，后来其实用范围逐渐扩大，在公卿中也开始使用。但《训民正音》的真正推广普及，是到近代才实现的。在朝鲜王朝时期，汉文仍是他们的主要文字。

朝鲜王朝特别重视修史事业。自太祖李成桂起，历代国王都设立春秋馆，记录编纂本朝政事，后来编成了《朝鲜王朝实录》（《李朝实录》），从太祖到哲宗（1392—1863 年）共编有一千八百九十三卷。日本帝国主义吞并朝鲜后，又补编了朝鲜王朝末期高宗和纯宗二王的实录。这部实录是研究朝鲜王朝史的基本资料。除此之外，这个时期还编纂了《国朝宝鉴》《东国宝鉴》《高丽史》等重要史书。

在史书编纂中，其内容都贯穿着儒家文化精神，特别强调儒家的伦理道德教化。为了用儒家仪礼统御国民，在 1474

年又参照中国历代礼书和高丽时代的礼书，编写刊行了《国朝五礼仪》。所谓五礼，就是吉礼（祭祀）、嘉礼（冠婚）、宾礼（宾，客）、军礼（军事仪礼）、凶礼（丧礼）。在两班之间，视、听、言、动都严格遵守着朱子家礼。为了推动儒家伦理深入到广大庶民之中，王朝还组织编纂了《三纲行实》，用通俗的图解形式说明，人们应当如何在实际生活中处理好君臣、父子、夫妇之间的关系，大力宣传忠臣、孝子和烈女的典型，把这些典型在全社会加以推广。

在文学方面，朝鲜王朝自始至终是以汉文学为主流，汉诗的数量和水平均占有优势。王朝末期，学者张志渊编集了《大东诗选》十二卷，收录了历代有代表性的汉文诗，其中李氏朝鲜时期的作品共有十一卷，其他时代的作品仅有一卷，由此可见朝鲜王朝汉文诗的兴盛程度；成宗（1470—1494年）、中宗（1506—1544年）时的学者徐居正、申用溉编集的《东文选》，收录了从新罗时期到朝鲜中宗时代的汉诗文，是一部很有影响的诗文集，几百年来在我国也曾广为流传。此外，金时习在1438年发表的《金鳌新话》，是模仿中国明朝文人瞿佑的《剪灯新话》而创作的，这是韩国的第一部传奇小说集，收有五篇小说，故事情节曲折离奇，人物刻画生动鲜明，表现出作者具有广博的知识和极高的汉文学修养。李氏朝鲜时期，由于创造出了本国的文字，有些文人也使用国语创作文学作品，时调、歌辞文学和国文小说便逐渐发达起来，这在韩国文学发展史上具有重大意义。

朝鲜王朝由于独尊儒学，文人学士们其他方面的才艺往往不被重视，甚至受到两班的禁止。例如当时的绘画，作者多属地位低下的画工，他们常是奉命为王室或两班官员作肖像画、山水画或陶器上的图案，作品的艺术价值一般不太高。即便有地位较高的人作画，也只是作为业余爱好或消遣，并不愿意署上自己的名字。然而，文人的水墨画却有相当多的优秀作品保留了下来。

朝鲜王朝的绘画大体是承继中国宋代的画风。王朝前期著名画家安坚的《梦游桃源图》，画法细密，与北宋院体画相似。而他的《赤壁图》《山水画帖》等，则反映了南宋马（远）、夏（珪）派的画风。16 世纪中叶贱民阶层出身的画师李上佐，画有《松下步月图》《雨中猛虎图》《罗汉图》等，显示了南宋院体画的画风，空旷而有气势。作者不详的《羊图》，则是体现出宋、元绘画手法的名品。士大夫出身的姜希颜，以诗、书、画三绝著称于世，他的《闲日观水图》等山水人物画，多是仿效南宋院体画。16 世纪以后，画家人数增多，他们一般仍保持着北画系的画风，但其中也有些画家以明朝画家的作品为楷模，创作出一些有新意的作品。士大夫画家中，有些人喜画翎毛、草虫，也有些人喜画梅、兰等四君子。

当时的儒者们大都重视中国的书法艺术，学习中国书道而自成一家的人颇多。世宗的第三子安平大君，专习赵孟頫笔法，他的笔迹保留在写经、铜活字以及骊州英陵碑等金石文中。安平大君之外，有金絿和韩濩习王羲之笔法，杨士彦工于草书。这四个被称为王朝前期的书道四大家。王朝后期，书法与其他文化艺术一样，陷入了长期的沉滞状态。

在音乐方面，朝鲜王朝完全沿袭了高丽时代的唐乐、雅乐和乡乐，宗庙用雅乐，朝会用唐乐，宴乐时则唐乐和乡乐合用。世宗王时，曾命乐理学家朴堧整理雅乐谱，改造雅乐乐器。朴堧以中国古来的五声十二律为基础，参考《周书》《通典》《陈氏乐书》，使雅乐尽量接近周代的音乐，并推进了雅乐的发展。成宗二十四年（1493 年），又组织专家对以前的音乐进行整理，修撰成《乐学规范》，共九卷三册，结合图解的方式，详细说明雅乐、唐乐、乡乐三部乐的乐调、乐舞、乐服和乐器，这是研究东方音乐文化的宝贵文献。

在科学技术方面。朝鲜王朝特别是王朝前期，也有较大的发展和进步。从中国引入的数学得到广泛普及，编纂了《历书七政书》内外篇，内篇参考中国元代的授时历，外篇以回教历为基础。各种天文历象方面的仪器如大简仪（天文观测器）、小简仪、浑天仪（天球仪）、日晷（日时计）、自击漏（水时计）以及世界上最早的铜制测雨器等相继出现。

农耕技术也多取法中国。朝廷曾传旨各道监司，用中国的《四时纂要》《农桑辑要》等农书指导农业生产。在此基础上，又刊行了《农事直说》等书籍，同时大力推进农田基本建设。农书之外，医书也受到特别重视。1445 年，朝鲜吸收中国的医学成果，结合本国的临床治疗经验，编成了《医方类聚》二百六十四册，发布到全国的医疗机构。此后，御医许浚又奉王命编写医书，综合中国和朝鲜的医学成果，经过十年的不懈努力，终于编成了汉方医学巨著《东医宝鉴》。

后来，《东医宝鉴》的确成了后世医学之鉴，18 世纪时中国和日本也刊行了此书，促进了汉方医学的发展。

值得提起的是，在 18 世纪后半叶，朝鲜王朝有许多著名文人学士纷纷到北京访问，为吸取中国文化、开展中国和朝鲜的文化交流作出了重大贡献。18 世纪的朝鲜实学家中有所谓北学派（即主张学习中国的派别，因北京在汉城之北，故有此称），就是在这种背景下形成的。北学派的代表人物洪大容、朴趾源、朴齐家都到过北京，收集购买了许多中国书籍和各种科技文化资料，并通过“笔谈”，与中国的硕学之士结为挚友，为他们的北学理论奠定了基础。还有实学家金正喜（1786—1856 年），青年时曾随父到北京，努力学习中国先进的科学技术和文化，与中国清代著名的汉学家翁方纲、阮元等建立起密切的联系，从而促使他开创了朝鲜的金石考古学。朝鲜王朝的检书官柳得恭（1749—？年），曾多次出使北京，在琉璃厂的书店街采购图书，并与清朝著名语言文字学家陈鳣、“扬州八怪”之一罗聘和《四库全书》馆总纂官纪晓岚等著名学者密切往来，积极吸取中国的学术文化。

# 第二章　朝鲜半岛的儒学

## 第一节　三国儒学与名儒崔致远

对于一个民族来说，语言和文字在民族文化的形成和发展过程中起着关键性的作用，古代朝鲜民族虽有自己的语言，但长期没有自己的文字，因此，中国文字传到朝鲜半岛，对该民族的文明进步“具有划时代的贡献”（参见韩国著名学者柳承国著《韩国儒学史》，傅济功译，台湾“商务印书馆”1989 年发行，第 12 页）。并且，“文以载道”，伴随着中国文字的输入，中国的思想文化也必然传到朝鲜半岛，其中当以儒家思想为先。据《三国志》引魏略曰：“昔箕子之后朝鲜侯，见周衰，燕自尊为王，欲东略地，朝鲜侯亦自称王，欲兴兵逆击燕以尊周室。其大夫礼谏之，乃止。使礼西说燕，燕止之，不攻。”由此可见，至迟在公元前 4 世纪前后，古朝鲜已与战国时期的中国有相当密切的联系，“朝鲜侯”的称号也是周王朝所封。其中大夫礼“谏”朝鲜王的事，明显体现出儒家精神，说明此时儒学在朝鲜半岛已有相当的传播，并且在社会政治中发挥着作用。中国文字及中国文化在朝鲜半岛的传播，自汉代之后即被称为汉字、汉文与汉学，所谓汉学，主要是指儒学。儒学传入朝鲜半岛之后，到三国时期，它作为封建贵族阶级的意识形态，与古来的天神崇拜思想相结合，更得到了进一步的发展。三国时期最受重视的儒家思想，是孝的思想。所谓孝，就是服从、爱敬、奉养父母这些道德性范畴，这是一切行为的一个基本准则，把孝的精神推广到对君王、国家，就是忠君、爱国的精神。所以，三国时期提倡家国一致、忠孝一致。

三国之中，高句丽距离中国最近，所以儒学也最早广泛传播，并占了支配的地位。汉武帝时，即设置了“汉四郡”，可以想见，中国的文物制度与儒学思想，那时已开始起主导的作用。据《三国史记》记载，高句丽在“国初”就已经使用汉字，第二代王琉璃王（前 19—公元 19 年）还创作了四言汉诗：“翩翩黄鸟，雌雄相依，念我之独，谁其与归?”这与《诗经》中的“关关雎鸠，在河之洲，窈窕淑女，君子好逑”，诗体十分相似。到高句丽小兽林王二年（372 年），即“立太学、教育子弟”①。太学是当时儒学教育的最高学府，所授内容为五经三史之类。儒学影响在高句丽相当广泛，据《旧唐书 · 东夷列传》所载，高句丽“俗爱书籍，至于衡门厮养之家，各于街衢造大屋，谓之扃堂。子弟未婚之前，昼夜于此读书习射，其书有五经及《史记》、《汉书》、范晔

① 《三国史记 · 高句丽本纪》

《后汉书》、《三国志》、孙盛《晋春秋》、《玉篇》、《字统》、《字林》，又有《文选》，尤爱重之”。与此类似的记述又见于《唐书·东夷列传》，其中说：高句丽“人喜学，至穷里厮家，亦相矜勉，衢侧悉构严屋，号扃堂，子弟未婚者，曹处诵经习射”。由此可见，高句丽的学制，有为贵族子弟所设的太学，又有一般平民读书的扃堂，二者皆以儒家学说为主要教材。

儒学传入百济，始于百济建国之初，到4世纪前后，儒学教育得以完备，并设五经博士之职，百济的儒学盛况，并不逊于高句丽。据《旧唐书·东夷列传》所载，百济“其书籍有五经、子、史，又表、疏并依中华之法”。此外，百济儒学对日本的影响颇大，3世纪后期，百济阿直岐使日，并传汉学。其后不久，王仁赴日，向应神天皇献《论语》和《千字文》，儒家经典始传日本。6世纪初，又有百济五经博士段杨尔等到日本传授儒学，由此日本以五经为中心的儒家学问渐盛。古代日本的儒学等中国学问，许多是从百济人学到的。百济的贵族层，汉学相当普及，对经、史、文章、阴阳五行、医药、占卜等无所不通。

新罗的儒学盛期是在6世纪。新罗立国之初，国名称谓不一，或称斯罗，或称斯卢，或言新罗。其首领也只以方言称之，没有尊号。到503年，经群臣计议，才按照中国儒教的方式确定国号为新罗，“新者德业日新，罗者网罗四方之义。”同时尊其首领为“新罗国王”，并采用中国式的帝王年号纪年。可见当时儒学已呈广泛普及之势。与此同时，新罗国王不断派留学生入唐学儒，更促成新罗儒学的深入发展。

新罗的儒家学者中，强首、薛聪等较有影响。《三国史记·强首传》载：强首生而其相不凡，长大成人后，“自知读书，通晓义理。父欲观其志，问曰：‘尔学佛乎，学儒乎?’对曰：‘愚闻之，佛世外教也。愚人间人，安用学佛为？愿学儒者之道。’父曰：‘从尔所好。’遂就师读《孝经》《曲礼》《尔雅》《文选》，所闻虽浅近，而所得愈高远，魁然为一时之杰，遂入仕，历官为时闻人。”薛聪是名僧元晓之子，《三国史记》说他“性明锐，生知道术，以方言读九经，训道后生，至今学者宗之。又能属文，而世无传者”。可见他是最早以“吏读”文字解经书的。他的著作今存《戒花王》一篇，载于《三国史记》，内容是论述儒家所提倡的“正直”美德，认为正直是先天的道德范畴之一，他批评说：“凡为君者，鲜不亲近邪佞，疏远正直，是以孟轲不遇以终身，冯唐郎潜而皓首。”① 希望新罗国王引以为戒。高丽显宗时代，追封薛聪为弘儒侯，从祀文庙。

统一新罗时期（668—935 年），儒学与佛教并行，儒学是中央统治集团的政治理念。据《三国史记》载，新罗神文王二年（682 年）创建国学，为儒学教育机关。8 世纪中叶，国学曾改称大学监，不久后又复名国学。国学以培养官吏为目的，受教者为贵族及其子弟，教授内容以儒家经典为主；《论语》和《孝经》是必修课目，其他如《礼记》《周易》《左传》《毛诗》《尚书》《文选》等为选修课目。到元圣王

① 《三国史记·列传·薛聪》。

四年（788 年），官吏登用开始实行科举制度，“诸生读书以三品出身，读《春秋左氏传》，若《礼记》、若《文选》，而能通其义，兼明《论语》《孝经》者为上；读《曲礼》《论语》《孝经》者为中；读《曲礼》《孝经》者为下。若能兼通五经、三史、诸子百家书者，超擢用之”①。

新罗最有名的儒者是崔致远（858—951 年）。他是新罗王京沙梁郡（今庆州境内）人，字孤云，一字海云，自幼精敏好学，年十二舶海入唐求学，十八岁登第。曾任溧水县（今南京市溧水区）县尉，承务郎侍御史内供奉等职。二十八岁归国，历任侍读兼翰林学士、兵部侍郎、瑞书监事、太山郡（今春仁）太守、富城郡（今瑞山）太守等职。其间曾奉召使唐。崔致远返新罗，本欲为故国一展雄才，但时逢新罗季世，自伤不遇，于是打消仕进之念，“逍遥自放山林之下，江海之滨，营台榭，植松竹，枕籍书史，啸咏风月”②。著作有《桂苑笔耕》、《四六集》及诗文若干篇。《桂苑笔耕》是今存的韩国最早的书籍，《四库全书》有录。姜信沆影印编辑的《崔文昌侯全集》，较全面地收集了现存的崔致远著述。

崔致远崇尚儒学，自云“但遵儒道”③，主张“政以仁为本，礼以孝为先。仁以推济众之诚，孝以举尊亲之典”④。但

① 《三国史记》。
② 《崔文昌侯全集·事迹》。
③ 《桂苑笔耕》卷一七。
④ 《孤云先生文集·大嵩福寺碑铭》。

唐代是儒、释、道三教融合的时代，崔致远长期仕唐，也主张儒、释、道并行不悖，他说："学者或谓身毒（印度，指佛教）与阙里（孔子居所，指儒教）之设教也，分流异体，圆凿方枘，互相矛盾，守滞一隅。尝试论之，说诗者不以文害辞，不以辞害志，《礼》所谓言岂一端而已，夫各有所当，故庐峰慧远著论，谓如来之与周孔，发致虽殊，所归一揆，体极不能兼应者，物不能兼受故也。沈约有云：孔发其端，释穷其致。真可谓识其大者，始可与言至道矣。"① 致远返归新罗后，又曾盛赞新罗流行的花郎道（风流道、风月道）之三教合一的思想，他说："国有玄妙之道，曰风流。设教之源，备详仙史。实乃包含三教，接化群生。且如入则孝于家，出则忠于国，鲁司寇之旨也；处无为之事，行不言之教，周柱史之宗也；诸恶莫作，诸善奉行，竺乾太子之化也。"②

崔致远的一些诗文，在一定程度上揭露了当时社会的矛盾，并表现出对劳动人民的同情，例如其诗《江南女》："江南荡风俗，养女娇且怜。性冶耻针线，妆成调管弦，所学非雅音，多被春心牵。自谓芳华色，长占艳阳年。却笑邻舍女，终朝弄机杼，机杼纵劳身，罗衣不到汝。"③ 明显表达了对富家女的嘲讽和对贫家女的同情。但崔致远毕竟是依附于统治阶级的知识分子，他笃信儒家纲常名教，曾参与镇压农民起义，写了《檄黄巢书》等有关镇压农民起义的檄文、奏状，

① 《孤云先生文集》卷二。

② 《孤云先生续集·鸾郎碑序》。

③ 《孤云先生文集》卷一。

这不能不说是他一生中的瑕疵。

## 第二节　高丽时期的儒学

高丽时期的统治者，采取崇佛尊儒的二重政策，初始佛教势力较盛，后来儒学渐居上风。儒学可分为程朱理学传入前和程朱理学传入后两个时期，本节所说，是高丽时期程朱理学传入前的儒学。

高丽太祖王建在建国之初，为维护国家的统一与稳定，不仅在政治、军事等方面采取了一系列的措施，而且也十分注重思想层面的建构，并鲜明地体现在他的《十训要》中。高丽太祖二十六年（943 年）四月，太祖王建召见大臣朴述希讲述十条训要。同年五月太祖过世，这就成了太祖的遗训。《十训要》是高丽王室的统治纲要，包括国体、国是、大经、大法等方面的内容，对高丽的历史及文化发生了深刻的影响。其内容包含融摄了儒、释、道与阴阳、医、卜等各种思想，其中儒学思想十分明显。例如第三条说："传国以嫡，虽曰常礼，然丹朱不肖，尧禅于舜，实为公心。若元子不肖，与其次子；又不肖，与其兄弟之众所推戴者，俾承大统。"这是说，按照儒家的思想原则，应是长子继承大统，但如果长子不肖，则由次子或兄弟之中为众人所拥戴者继承，如尧禅位给舜那样。第四条说："惟我东方，旧慕唐风，文物礼乐，悉遵其制。"这是说，在文物制度方面要依循中国的传统，特别是儒家的传统。第七条说："人君得臣民之心为甚难，欲得其心，要在从谏远谗”，“使民以时，轻徭薄赋”。这是遵循孟子的民本主义思想，阐发人君对臣民应取的态度和政策。第十条说：“有国有家，儆戒无虞，博观经史，鉴古戒今，周公大圣，‘无逸’一篇，进戒成王，宜当图揭，出入观省。”意思是说，君王统治国家须警戒不虞之患，因此要广研经学、史学，以古鉴今。经史即指儒家的经典和《史记》《汉书》等。他还要求把“周公大圣”为劝诫成王所作的《尚书·无逸篇》画成图画挂起来，让朝臣们出入观省，可见他对儒家精神和儒家传承的高度重视。

太祖即位十三年，即赴西京（今平壤）创设学校，集合六部生徒，立书学博士而教导之。统一全国之后，他更重视兴办教育，儒家经典是学校教育的重要内容。到第四代王光宗九年（958年），科举制度正式施行，由此大兴文教。《高丽史》“李齐贤”条中说：“光庙之后，益修文教，内崇国学，外列乡校。里庠党序，弦诵相闻，所谓文物侔于中华，非过论也。”到第六代王成宗（981—997年）时，大力提倡儒学，他主张“凡理国家，必先务本，务本莫过于孝。——是以取则六经，依规三礼，庶使一邦之俗，咸归五孝之门”（见《高丽史》卷三“成宗”条）。他创设国子监为官学，致力于儒学教育。民间则又有崔冲等名儒举办私学，创建书院，培养了许多高级官吏和有成就的儒者，其声名在官学之上。

成宗时代，有一位思想家、政治家崔承老（927—989年），他十二岁时曾得到太祖召见，使读《论语》，对其英敏称赞有加。此后，国王直接给他官职，从此开始，崔承老终身为官。到成宗时，官至正匡、行选官、御史等阶位，曾上疏条陈，有“时务策”二十八条，其中六条失传，今存二十二条载于《高丽史·崔承老传》。他主张政治上排除佛教的干涉，以儒教的理念与规范作为“理国之本”，同时效法唐朝的先进文物制度。其中说道：“华夏之制，不可不遵，然四方习俗，各随土性，似难尽变。其礼乐诗书之教，君臣父子之道，宜法中华，以革卑陋，其余车马衣服制度，可因土风，使奢俭得中，不必苟同。”主张在遵循华夏之制、效法中华文明的同时，也要注意保留本民族的习俗、文化，在吸收外来思想文化的同时，采取切合实际的措施发展本民族的文化，不可一味生搬硬套。在“时务策”中，他明确对君王事佛提出了批评，开了高丽时期儒学者排佛的先河。他说：“崇信佛法，虽非不善，然帝王士庶之为功德，事实不同。若庶民所劳者，自身之力，所费者，自己之财，害不及他。帝王，则劳民之力，费民之财。昔梁武帝以天子之尊，修匹夫之善，人以为非者以此。是以帝王深虑其然，事皆酌中，弊不及于臣民。三教各有所业而行之者，不可混而一之也。行释教者修身之本，行儒教者理国之源；修身，是来生之资，理国，乃今日之务。今日至近，来生至远，舍近求远，不亦谬乎?”成宗接受了崔承老的意见，对佛事活动有所限制，同时在十二州设经学博士，振兴儒学。从太祖建国到第十七代仁宗（1122—1146 年）为止，儒学在高丽得到了长足的发展，呈现出兴盛的局面。然而从毅宗（1146—1170 年）到元宗（1260—1275），武臣专横，内忧外患频仍，儒教进入衰落期。

直到忠烈王（1275—1309 年）时程朱理学传入，儒学得以复兴。

高丽时期程朱理学传入前的儒学者，著名的有李奎报。李奎报（1168—1241 年）字春卿，初名仁氏，少年聪敏好学，“经史百家佛老之书一览辄记”①，据说他赴监试时曾梦见奎星报以居魁，后来果中第一，因之更名奎报。曾任右正言知制诰、桂阳副使、左谏议大夫、翰林学士等职。李奎报继承和发挥中国哲学家王充等人的“元气”说和“天道自然无为”的观点，认为“人与物之生，皆定于冥兆，发于自然”，不是天或造物主有意识创造的。“天不自知，天则无为”，天地万物包括人都是源于“元气肇判”②。据此，他批驳了当时盛行的天人感应、谶纬迷信。

## 第三节　高丽程朱理学始兴

程朱理学之传入高丽，始于忠烈王时的安珦，著名的理学家有白颐正、李穑、郑梦周、郑道传、权近等人。

安珦（1243—1306 年）是最先把朱子学引入高丽的人。初名裕，兴州人，自幼好学，少年登第，历任监察御史、尚州判官、集贤殿大学士、宰相等职。他推崇儒家学说，认为“夫子之道，垂宪万世”。而“圣人之道不过在日常伦理，为

① 《高丽史·列传》。
② 《东国李相国集》。

人子当孝，为人臣当忠，以礼治家，以信义交友，以敬修身，以诚处事。彼佛教弃亲人离家庭，蔑视人伦，逆道义，乃夷狄之徒”①。儒家的伦理纲常，人人都应遵从。因而他特别重视儒家思想的教育，“常以兴学养贤为己任。”② 他反对推崇佛教，曾作诗感叹：“香灯处处皆祈佛，箫鼓家家亦赛神，独有数间夫子庙，满庭秋草寂无人。”③ 因而他号召文武两班官吏按品位高低捐款资助修整儒学学校，又派人赴中国“画先圣及七十子像，并求祭器、乐器、六经诸子史”④。1289 年，安珦随同高丽忠烈王赴元，广求儒家书籍。其中不少是属于朱子学的，归国后开始讲授朱子学，这是朝鲜传朱子学之始。他推崇朱子，“晚年常挂晦庵先生真，以致景慕，遂号晦轩。蓄儒琴一张，每遇士之可学者，劝之。”⑤

白颐正又名孝珠，是与安珦同时代人，也是朱子学在韩国的早期传播者。他于 1298 年随高丽忠宣王入元，在元十余年，专心学程朱理学，归国后授徒讲学。《高丽史·白文节传》载：“时程朱之学始行中国，未及东方。颐正在元得而学之，东还，李齐贤、朴忠佑首先师受孝珠。”

李穑（1321—1396 年）字颖权，号牧隐，高丽末期著名的理学家。他 1349 年入元为国子监生员，科举及第，曾任翰林知制诰等职。1351 年因奔父丧而归国，归国后曾为成均馆大司成（校长），历仕高丽恭愍、辛禑、辛昌、恭让四王，

---

①② 《高丽史·列传·安珦》。

③④⑤ 《晦轩实记》。

官至侍中，封韩山君。

李穑活动在高丽末期，属温和的改良派，他反对大地主无限制的土地兼并，和对农民的苛烈剥削，认为“豪强兼并，鹊之巢而鸠之居者皆是也”，“民之所天者唯在于田。数亩之田，终岁勤动，父母妻子之养犹且未赡，而收租者已至。若其田之主一则幸免，或有三四家者，或有七八家者，苟力焉而相牟，势焉而相敌，孰肯让哉？以是供其租而不足，则又称贷而益之，于何而养其父母，于何而育其妻子？民之穷苦，职此之由。”① 但是，他认为这些问题并不难解决，只要改良田制和租税制度就可以了。这在当时只是一种空想。

李穑提倡程朱理学，他在理论上继承北宋周敦颐《太极图说》的观点，主张太极或无极是万物的本源，太极或无极“一动一静而万物化醇”②。事物的变化，“求其阳奇阴偶、阳变阴化之原，则归于无极之真而已矣”③。同时，他又依据朱熹的理论，在太极与具体事物之间引进“气”为中介。这样，以太极为本源，以气为材料，形成万事万物。并且，“秩然而为君臣父子之伦，灿然而为礼乐刑政之具。其于世道也，清明而为理，秽浊而为乱，皆气之形也。”④ 太极之于人事伦常，又叫作“理”或“天理”，他和程朱一样，把“天理”和“人欲”相对立，主张“存天理遏人欲，皆至其极，圣学

① 《高丽史·李穑传》。
② 《牧稳集》卷六。
③ 《东文选》卷七。
④ 《东文选》卷七四。

斯毕矣”①。

李穑大力宣传程朱理学，对理学在高丽末期的广泛传播起到了重要作用。据《高丽史·李穑传》载，他任成均馆大司成时，“增置生员，择经术之士金九容、郑梦周、朴尚衷、林宜中、李崇仁，皆以他官兼教官。先是，馆生不过数十，穑更定学式，每月坐明伦堂，分经授业，讲毕相与论难忘倦，于是学者坌集，相与观感，程朱性理之学始兴。”

## 第四节　理学家的崇儒排佛论

高丽末期的儒学者，多是在宣传程朱理学的同时，大力排斥佛教，其代表人物有郑梦周、郑道传、权近。郑梦周(1337—1392年）字达可，号圃隐，曾任成均馆博士（教授)、大司成，官至宰相。著作有《圃隐集》行于世。他与李穑处于同一时代，其政治态度和哲学观点也与李穑大体相同。《高丽史·郑梦周传》载：他任礼曹正郎兼成均馆博士时，“经书至东方者，唯《朱子集注》耳。梦周讲说发越，超出人意，闻者颇疑。及得胡炳文《四书通》，无不吻合，诸儒尤加叹服。李穑亟称之曰：‘梦周论理，横说竖说，无非当理。推为东方理学之祖。’”

高丽时期，一向以佛教学说为维持其封建统治的思想根据，郑梦周则试图以朱子学的理论代替佛教学说，以求挽救

① 《东文选》卷九七。

高丽末期的衰败局面，所以他说："儒者之道，皆日用平常之事。饮食男女，人所同也，至理存焉。尧舜之道亦不外此，动静语默之得其正者，是尧舜之道，初非甚高难行。彼佛氏之教则不然，辞亲戚，绝男女，独坐岩穴，草衣木食，观空寂灭为宗，岂是平常之道。"① 很显然，这是提倡儒家的伦理道德，反对佛教出世主义。

郑道传（1337—1398 年）字宗之，号三峰，李穑著名弟子之一，是高丽末期朝鲜王朝初期的大哲学家、政治家、军事家。他自幼好学，二十五岁考中进士，高丽王朝时历任忠州司录、典校主簿，成均馆博士、典校副令等职，力主改革。朝鲜王朝建立后，他作为开国功臣，担任政治、军事、教育等各方面的要职，后因卷入王子之间王位之争而被杀。著作有《佛氏杂辨》《心气理篇》《心问》《天答》《经济文鉴》《朝鲜经国典》《阵法》等，均收入《三峰集》（十四卷）中，此外还有《学者指南图》。

郑道传是高丽末期改革派的杰出理论家。他的理论锋芒直指高丽王朝占统治地位的意识形态——佛教，除了指出佛教所带来的社会弊端之外，特别着重对佛教从理论上进行前所未有的批判。他的排佛理论，与当时实际的政治和经济问题紧密联系，具有深刻的哲学内容和相当完整的理论体系。

郑道传反对佛教否定现实世界的理论，主张现实世界及其运动变化规律都是不以人的意志为转移的客观实在。他说：

① 《高丽史·郑梦周传》。

“自佛氏殁，至今数千余季，天之昆仑于上者，若是其确然也；地之磅礴于下者，若是其聩然也；人物之生于其间者，若是其灿然也；日月寒暑之往来，若是其秩然也。”这些无可否认、无法改变的事实，怎么可以称为虚幻、空假呢？并且，“假者可暂存于一时，而不可久于千万世；幻者可欺于一人，而不可信于千万人。而以大地之常久，万物之常生，谓之假且幻，抑何说欤？岂佛氏无穷理之学，求其说而不得欤？抑其心隘，天地之大万物之众，不得容于其中欤？岂乐夫持守之约，而厌夫穷理之烦，酬酢万变之劳欤？”①

在这里，他一方面论证了世界万物的“确然”“聩然”“灿然”“秩然”，也就是说，世界万物是独立于人的意识（也独立于佛氏的意识）而存在着的客观实在。另一方面又从天地万物的“长久”“长生”并为历代无数的人们所亲身感受到，来批驳佛教以天地万物为虚幻的说法。接着，他又分析佛家陷于错误的根源，其一是“其心隘，天地之大万物之众不得容于其中”，其二是“无穷理之学”或“乐夫持守之约，而厌夫穷理之烦、酬酢万物之劳”。

郑道传又基于“气生人物”的理论，批评了佛教的“生死轮回”说。他指出，“轮回”说的基础是“精神不灭”论。而实际上，人物之生，“得于气化之自然，初无精神寄寓于太虚之中，则知其死也与气而俱散，无复更有形象尚留于冥漠

---

① 《佛氏杂辨·佛氏真假之辨》。

之内”①。

郑道传还指出，“轮回”理论的另一个依据是“定数”循环理论，“以佛氏轮回之说观之，凡有血气者，自有定数，来来去去，无复增损”②。对此，他举出大量事实，论证天地万物是不断发展变化的，既不是简单的循环，更没有什么“定数”。例如，人不断呼吸空气，但“其呼而出者，非吸而入者也”。人们天天从井里打水来烧饭、洗衣服，“而井中之泉源源而出，无有穷尽，非已汲之水返其故处而复生也”。农民种百谷，“春而种十石，秋而收百石以至千万，其利倍蓰，是百谷亦生生也”③。“天地之化虽生生不穷，然而有聚必有散，有生必有死。”“坚者腐，存者亡，更无物也。”④ 所以，人的精神也不可能永远不灭，不可能生死轮回。

不仅如此，郑道传还进一步更广泛地批判了佛教心性、因果、祸福、地狱等说教，认为佛教“昧于道器”“毁弃人伦”，危害甚大。郑道传是朱子学的信奉者，他虽然肯定了气在天地万物生灭变化中的作用，但按照朱子学的理论，他寻其最后本源，还是归结为“太极”或“理”，“未有天地万物之前，毕竟先有太极，而天地万物之理，已浑然具于其中”⑤。

郑道传不仅从本体论上反对佛教，而且从认识论上揭露佛教的错误根源。

①②③④ 《佛氏杂辨·佛事轮回之辨》。

⑤ 《佛氏杂辨·佛氏真假之辨》。

照佛家的说法，精神是可以脱离肉体的实在，其本性清静如镜，它对真理的认识，无须依靠感性经验，完全是一种纯主观的认识。郑道传反对这种说法，他指出，精神离不开肉体，“形既生矣，神发知矣”①。

郑道传坚持儒家的伦理道德观，他认为三纲五常即是“道”，即是“理”，三纲五常之中，他又特别强调忠和孝，认为“为臣忠，为子孝，二者人道之大端，而立身之大节也”②。但他同时认为，要养成良好的道德风尚，需要有一定的物质基础，“仓廪实而知礼节”③。“人性皆善，羞恶之心人皆有之，盗贼岂人之情哉，无恒产者，固无恒心，饥寒切身，不暇顾礼义，多迫于不得已而为之耳。”④ 这种伦理观强调了思想意识的物质基础，具有一定的合理的因素。此外，郑道传还提出了一些进步的社会政治主张。他认为治国应以农为本，以民为本，统治者应当“施仁政”，使民安居乐业，这样“则民知礼义，俗尚廉耻，盗不待弭而自息矣”⑤。据此，他在高丽末期和李朝初期提出了一系列改革社会、安民富国的方案，特别是他所著的《朝鲜经国典》，提出了加强中央集权、整顿国家机构、改革田制、发展生产等重要主张，奠定了朝鲜王朝五百年间政治、经济体制的基础。

权近（1352—1409 年）字可远，号阳村，出身权门势

---

① 《佛氏杂辨·佛氏真假之辨》。

② 《三峰集》卷三。

③④ 《三峰集》卷八。

⑤ 《朝鲜经国典》。

家，与郑道传同为李穑的著名弟子，后又曾学于郑道传。高丽时期任成均馆大司成、签书密直司事等职，李氏朝鲜时官至艺文馆提学。他也是高丽末期、朝鲜王朝初期朱子学的重要代表人物，著有《入学图说》《五经浅见录》以及有关郑道传著作的一些序文、注释，今有《阳村集》传世。

权近在高丽时期的政治态度接近其师李穑，持温和改良的立场，李氏朝鲜时期则积极主张改革。对于佛教的态度，在高丽时期持调和观点，李朝时期则积极反佛，同时排老。总之，他前期受李穑影响较大，后期则受郑道传影响较大。

他的哲学思想，主要是继承和发挥朱子学的观点。认为“理为心气之本。原有是理，然后有是气，有是气然后阳之轻清者，上而为天，阴之重浊者下而为地，四时于是而流行，万物于是而化生，人于其间全得天地之理，亦全得天地之气以贵于万物，而与天地参焉。……故理在天地之先，而气由是生，心亦禀之以为德也”①。这是以理为天地人物之本源，认为精神性的“理”先于物质性的东西而存在，也先于每个具体人的“心”而存在，并且对万物和人心起着决定作用，这显然是一种客观的观念论。

他依据这种“理主心气”的理论，对佛老加以排斥和否定，认为“老不知气本乎理而以气为道，释不知理具于心而以心为宗。此二家自以为无上高妙，而不知形而上者为何

---

① 《心气理篇注》。

物”①。其实，佛老二家向来推崇“形而上者”，就理论思维路线而言，本与理学家大同小异，不同之处，在于理学家所谓“理”或“形而上者”，其内容实指儒家一贯提倡的仁、义、礼、智之类，与佛老异趋，所以权近斥佛老为“不知形而上者”。

权近又谈到“天”和“理”的关系，他说：“天即理也。”②“自有万象之后，寒暑之往来，日月之盈亏，皆有其数，用之千万世而不差，则天之所以为天者定。”③ 这似乎是说，天或理是自然界的一种客观法则，如果到此为止，那还是合理的。但他所说的天或理并不限于此，甚至主要不是指此，而主要是指社会性的伦理道德规范。所以他说：“五行之理，在人而为五常之性。”④ “道原于天理，而著于人伦。”⑤这说明，他所谓的“天”“理”或“天理”，实际是指封建的道德伦理，是把封建的道德伦理形而上学化，抬高到自然和社会本源的高度。

他为了论证封建伦理道德的合理性和权威性，采用了董仲舒天人感应的理论，认为“天地万物本同一体，故人之心正，则天地之心亦正，人之气顺，则天地之气亦顺，是天地之有灾祥，良由人事之有得失也，人事得，则灾祥顺其常，人事失，则灾祥反其正”⑥。

---

①② 《心气理篇注》。

③④ 《佛氏杂辨序》。

⑤ 《送赢巷上人游方诗》。

⑥ 《心向天答注》。

权近在把儒家伦理道德视为“天理”的同时，又对佛老进行了批判，认为：“释老之学，以清净入灭为尚，虽彝伦之大，礼乐之懿，亦必欲屏弃除而灭绝之”，“不知主天理之公，以裁制人欲之私，故其日用云为每陷于利害而不自知也。且人之所欲，无甚于生，所恶无甚于死，今以两家之说，释氏必欲免死生，是畏死也，老氏必欲求长生，是贪生也，非利害而何哉?”①

权近与郑道传有所不同，郑道传着重反佛，在反佛中阐发朱子学理论，权近则更多地从正面发挥朱子学理论，同时也辟佛老。权近的哲学思想对朝鲜半岛后世哲学发展有较大影响，朝鲜半岛儒学史上亘数百年的“四七论辩”（四端与七情的关系之辩），就可溯源于权近。他在《入学图说》中提出，四端由理、性所发，纯善无恶，七情由气、心而成，有善有恶。这在朝鲜半岛思想史上是最早的关于四端与七情关系的论述。

## 第五节　朝鲜王朝的官学——朱子学

1392年，李成桂推翻了高丽王朝而建立朝鲜王朝后，采取了加强中央集权、发展农业生产、密切与明朝的关系等各种重大的内政、外交措施，结束了高丽末期政治、经济的混乱局面。社会趋于稳定，经济和科技文化得到发展。与此同

① 《心气理篇注》。

时，高丽末期形成和发展起来的朱子学派，继续与社会改革势力相结合，成为占主导地位的意识形态。

朝鲜王朝太祖李成桂，虽出身武班，但也颇重文治。他在即位诏书中即宣称以儒学为建国理念，“正其心以体乎仁”，“保有其位，以延千万世之传”。他制定举贤良的措施和科举考试之法，设立成均馆大学，建立文庙，又命郑道传等编撰经国大典，以图振兴文化，广选人才。到世宗（1408—1450年）时，迎来了所谓王道政治的黄金时代。世宗天性好学，博通经史及诸子百家，他设立集贤殿，召集贤士开经筵，编纂经史书籍。又常亲赴经筵，与儒臣共同研究经世治国之道，由此儒学大振，朱子著作受到尊崇，四书、五经皆以朱注为准。中宗（1506—1544年）时，刊行了《朱子大全》，更大力提倡和宣传朱子学。这样，朝鲜王朝的儒学遂成朱子学一边倒之势，朱子学定为官学、“国教”，与政治密切结合，而其他学术流派则被视为“斯文乱贼”，统统遭到禁压。

李氏朝鲜前期朱子学者中，有所谓士林派，也就是新进官僚派，他们政治上主张革新，反对旧官僚势力（勋旧派）的保守和土地兼并。这样，士林派和勋旧派展开了连续不断的权力斗争，士林派不时遭到迫害，例如1498年，由于勋旧派的诬告，燕山君对士林派官僚实行镇压，有的被处死刑，有的被流放或罢职，史称“戊午士祸”。类似的“士祸”还有几起。但是，时代要求革新，所以士林派势力还是不断增强，勋旧派逐渐退出政治舞台。前期士林派具有代表性的学者有金宗直、赵光祖、李彦迪等人。

金宗直（1431—1492年）号佔毕斋，历经世祖、成宗二朝，官至侍从，力主革新，戊午士祸时虽已去世，但仍不免遭发棺戮尸之害。著有《佔毕斋集》十卷。金宗直以朱子学教育弟子。今存其著，主要是有关政治和道德问题的，这体现了初期士林哲学的特征。他的伦理道德观与政治主张密切结合，强调加强中央集权，反对“苛政”，提倡“仁政”，在一定程度上揭露了贪官酷吏的罪恶及对国家的危害，并表现了对农民的同情。他反对世袭的用人政策，主张有能则举，不拘一格，表明了士林派积极参与政权的欲望。

赵光祖（1482—1519年）字孝直，号静庵，官至副提学，是初期士林派的领袖人物，牺牲于“己卯士祸”。朝鲜王朝著名的朱子学者李栗谷在《道峰书院记》中评价赵光祖说：“能以为己之学名世者，唯我静庵先生。发端寒暄文敬公（指金宏弼，1454—1504年），而笃行益力，自得益深，持身必欲作圣，立朝必欲行道，其所惓惓者，以格君心、辟义路、塞利源为先务。后之为士者，能知亲不可遗，君不可后，义不可舍，利不可征，祭当思敬，丧当致哀者，皆我先生之教也。”

赵光祖秉承朱子的理本论，以理为世界万物的始源。在理气关系上，他是主理论者，认为“理为主而气为理之所使”①，

① 《静菴集》卷五。

“理乘气而相感”①，形成阴阳交变、四时错立以及万物的秩序规则。

基于这种理本论的宇宙观，在人性问题上，他主张性善论，认为人的本然之性源于理或天理，所以纯善而无恶，“只有仁义礼智之德”②。人之所以有善有恶，乃至于“善人常少而不善人常多”，是因为气在作怪。“性无不善而气禀不齐，人之为不善，气之使然也。”③ 因此，他主张“克己”“持敬”，纠正气所带来的恶的方面，做到“言动中礼”。并且他认为，这是完全可以做到的，因为归根到底是理主宰气，“理不为气所动，故能不迁怒不贰过”④。这样的道德观，在当时具有反对勋旧派官僚贪污腐败的积极意义。

赵光祖在政治上主张儒家的王道政治，提倡爱民，认为统治者“昼夜以民为心，则治道可成”⑤。从这种观点出发，他反对官僚大地主的土地兼并，提出“限田制”的主张，同时主张减轻人民负担，安定人民生活，表明其进步的政治倾向。在选择任用官吏方面，赵光祖主张不拘一格，提出在科举制之外设“贤良科”，凡有才能者，不问其出身如何，也不管是否有科举资历，都可得以登用。这在勋旧派几乎垄断科举的情况下，为士林派参政开辟了新路。

他主张，施政应合乎民意、时宜，若有不合，就应加以

① 《静菴集》卷一。
② 《静菴集》卷四。
③④ 《静菴集》卷五。
⑤ 《静菴集》卷三。

修改。所以他说："国法虽不可轻言改革，然学识丰则可知事理，与大臣同心协力，应去者删，应增者加，则可期于隆平。守祖先之成宪者可，若偏安小成，苟且因循，何可成帝王之法？欲使士习民风归于醇正，以复古道，则必奋发而行，皆同维新，鼓舞振作，以成太平。"（见《静庵集》卷三"参赞官时启"）

李彦迪（1491—1553 年）字复古，号晦斋、紫溪翁，历任州学交管、成均馆典籍、春秋馆记事、兵曹正郎、吏曹正郎、成均馆大司乘成、汉城府尹等多种要职，晚年遭流放，于是潜心著书立说。他在政治上与其他前期士林派学者一样，主张"王道政治"，要求减轻人民负担，表现出对人民的一定同情。但他不像赵光祖那样力主改革，而是主张"中和"，即用温和的方式调和社会各阶级、阶层的矛盾。然而，李彦迪的哲学思想却较当时其他士林派学者的哲学思想丰富而深刻，且对后世有重大影响。他的著作有《晦斋集》，其中《书忘斋忘机堂无极太极说后》《答忘机堂书》等，集中体现了他的哲学思想。

李彦迪在哲学理论上力主朱子学说，为此，他曾与忘斋（孙叔暾）和忘机堂（曹汉辅）展开无极太极之辨。孙、曹二人的有关著述今已失传，仅从李彦迪著文中可见其端倪。李彦迪认为，"忘斋无极太极辨，其说盖出于陆象山，而昔朱子辨之详矣。"① 因此无须多辩。而忘机堂则不同，他"犹本

① 《签忘机堂第一书》。

于濂溪之旨，而其论甚高、其见又甚远矣，其语《中庸》之理亦颇深奥开广，得其领要，可谓甚似而几矣。然其间不能无过于高远而有背于吾儒之说者”①。正因为“甚似而几”，所以不可不下力气辩论清楚。

照李彦迪的说法，“所谓无极而太极云者，所以形容此道之未始有物而，实为万物之根柢也”，“岂以为太极之上复有所谓无极哉！此理虽若至高至妙，而求其实体之所以寓，则又至近而至实。”② 这当然是取朱子学的立场，以无极太极为一理，而反对忘斋所持的陆象山的观点。由此，他进一步深入分析忘机堂的说法，认为忘机堂主张“太极即无极”，这是很正确的，但忘机堂又说“岂有论有、论无、分内、分外滞于名数之末”，则是错误的。因为太极之理“虽曰贯古今彻上下而浑然为一致，然其精粗本末内外宾主之分灿然于其中，有不可以毫发差者”③。忘机堂的错误在于，“其说喜合恶离、去实入虚”④。表面上似乎抬高了太极（理）的地位，实际上却否定了它所包含的内容，这样的理不是儒家所谓“寂而感”的“实理”，而是佛老所谓“寂而灭”的空理、虚理。

从这样的观点出发，李彦迪又接着论述理气、道器、理事等问题。在理气关系上，他肯定“有理而后有气”⑤，理决定气，“理虽不离于气而实亦不杂于气”⑥。由此，他批评忘

①②③④ 《书忘斋忘机堂无极太极说后》。

⑤⑥ 《签忘机堂第一书》。

机堂以理为“无则不无而灵源独立，有则不有而还归澌尽”的说法，认为这是“专以气化而语此理至有无”，并没有真正弄懂理气关系。他认为，“灵源者，气也，非可以语理也”。理本来就是既“不离于气”，又“不杂于气”，“何必见灵源之独立然后始可以言此理之不无?”并且，气化而成的有形有质之物，不能无生死始终，而“理无形无质”，“其所以生死始终者，实此无形无质者之所为也。而无形无质者曷尝有时而息灭哉!”① 在这里，他既强调了理对气的决定作用，又反对了把理气完全割裂开来的倾向。

在道器关系上，他认为道（理）为形器之“所以然”，但同时强调“道不离于形器”。“有人之形，则有所以为人之理，有物之形则有所以为物之理，有天地之形则有所以为天地之理，有日月之形则有所以为日月之理，有山川之形则有所以为山川之理。”② 据此，他又批评忘机堂以形器为“幻妄”，离器言道，是“陷于空虚诞谩之境”，以至于“违天灭理”③。

在理事关系上，李彦迪一方面指出，理“极微妙，万事万化皆自此中流出”。另一方面又指出，“若论工夫，则只中正仁义便是理会此事处，非是别有一段根源工夫又在讲学应事之外”④。所以他强调：“天理不离于人事。”“道只是人事之理耳，离人事而求道，未有不蹈于空虚之境，而非吾儒之

---

① 《答忘机堂第一书》。

②③ 《答忘机堂第三书》。

④ 《书忘斋忘机堂无极太极说后》。

实学矣。”①

李彦迪从无极太极之辨入手，不仅论述了理气、道器、理事问题，还谈到心性、敬义、理欲等许多问题。其论说的侧重点是从朱子学出发，在肯定理（太极、道）为主体的同时，强调理是不离日常事务，不离人伦道德的“实理”，以与“老氏之出无入有、释氏之所谓空”划清界限。他的这些观点，阐述和发挥了中国朱子学的主张。李彦迪的哲学思想，后来被李滉（退溪）继承和发展，成为更完备的理论。

李氏朝鲜前期，还有两位思想家较为有名，那就是金时习和徐敬德。他们两人均终身不仕，政治思想和伦理思想与当时士林派学者的思想有些类似，但哲学思想倾向于气一元论。

金时习（1435—1493 年）字悦卿，号雪岑、东峰等，斋号梅月堂。自幼学习儒家经典，儒学造诣颇深。二十岁出家，四十七岁还俗娶妻，丧妻后再度入山，过着非僧非俗的生活，既读佛书，又研儒典，同时从事著述。他一生著述颇丰，但大部分已经佚失，今有《梅月堂文集》传世，保存了他的部分论著。他提出“盈天地之间者皆气”②，“天地之间，唯一气橐籥耳。此理有屈有伸，有盈有虚，屈伸者妙也，盈虚者道也，伸则盈而屈则虚，盈则出而虚则归，出则曰神而归则曰鬼。”③ 他用气来解释天地万物的生成变化，是朝鲜半岛哲

① 《签忘机堂第一书》。

② 《梅月堂文集》卷二。

③ 《梅月堂文集》卷五。

学史上最早的主气论者。但是，金时习并没有明确论述理与气的关系。论气更为详备，并且又明确论述了理气关系的，是稍晚于金时习的徐敬德。

徐敬德（1489—1546年）是朝鲜王朝时代有代表性的儒学者之一，字可久，号花谭、复斋。他因家道清贫，十四岁才开始读书，研习儒典，以自学为主，善于思索。后多次辞谢官职，终生不仕，专注于学问，建立了气一元论的哲学体系。今有《花谭集》四卷传世，保存了他的诗文。他继承和发挥中国北宋张载的气一元论思想，提出“太虚，虚而不虚，虚即气。虚无穷无外，气亦无穷无外”①。他认为，周子所谓太极，《中庸》所谓“诚者自诚”，《易》所谓“寂然不动”，实际上都是指这“一气”。“一气之分为阴阳，阳极其鼓而为天，阴极其聚而为地。阳鼓之极，结其精者为日。阴聚之极，结其精者为月。余精之散为星辰，其在地为水火。”② 天地万物变化万千，都是这“一气”所为。由此，他批评老子所谓“虚能生气”“有生于无”是“不知虚即气也”③。

他还依据张载的“一物两体”说，论述运动变化的原因，他说：“易者，阴阳之变。阴阳，二气也。一阴一阳者，太一也。二故化，一故妙。非化之外别有所谓妙者。二气之所以能生生化化而不已者，即其太极之妙。”④ 这就是说，事物生化万变的根本原因在于事物内部，在于气的阴阳两个方

①③ 《花谭集·太虚说》。
② 《花谭集·原理说》。
④ 《花谭集·理气说》。

面的相互作用。

徐敬德还进一步谈到理气关系，他说："气外无理。理者气之宰也。"但是，"所谓宰，非自外来而宰之，指其气之用事，能不失所以然之正者，而谓之宰。"① 这就是说，理不是气之外或气之上的主宰，而是气自身运动变化的条理、规律。所以他明确批评"理先气后"的理论，十分肯定地说："理不先于气，气无始理固无始。若曰理先于气，则是气有始也。"② 他同时批评佛老，认为"老氏言虚无，佛氏言寂灭，是不识理气之源"③。徐敬德的气一元论观点，在朝鲜半岛哲学思想发展史上具有重要地位。

## 第六节　李滉、李珥对朱子学的发挥与发展

朝鲜王朝前期最著名的朱子学者是李滉。李滉（1501—1570 年），朝鲜庆尚道礼安县（今韩国庆尚北道安东郡陶山）人，字景浩，号退溪，又号退陶、陶叟、清凉山人等。自幼攻读儒家经典；后乡试中举，曾任成均馆司成、弘文馆修撰等职。中年以后，忧于不断发生的士祸，辞官返乡，兴办书院，从事教育和著述。七十岁时任判中枢府使，实际上只是虚位。其著作有《朱子书节要》《圣学十图》《宋季元明理学通录》《心经释疑》《三经四书释疑》等。今有《退溪集》六

①② 《花谭集·理气说》。
③ 《化谭集·太虚说》。

十八卷行于世。李退溪继承并发展了中国程朱理学的思想学说，被称为“朝鲜之朱子”，对日本朱子学的形成与发展也产生了很大影响。

李退溪政治上提倡“正道”，要求统一，主张“天无二日，民无二王，家无二尊”①。同时认为，在君臣关系上“人主者，国之元首也，而大臣其腹心也，台谏其耳目也，三者相待而相成”②。在中央与地方的关系上，“以朝廷为本源，而郡县为支流”，“内外相资，一体相须”③。

李退溪的哲学思想，继承了朱熹的理本论，以理为最高范畴，认为理是“生物之本，万事之根柢”，“此理极尊无对，命物而不命于物”④。这就是说，理是生成万物的根据，又是万事万物的主宰。在谈到理气关系时，他说：“理为气之帅，气为理之卒。”⑤ 明确规定了理对气的主导地位。

从理本论出发，李退溪以“破邪显正”为旗帜，对其他哲学流派进行了批驳。他批评徐敬德的气一元论观点，认为气一元论“揆诸圣贤说，无一符合处”⑥。又认为徐敬德的错误在于“指气为性”或“认理为气”⑦。他又批评当时“理气本一物”的说法，认为这是背离朱子学说的错误理论。“朱子平日论理气许多说法，皆未尝有二者为一物之云”，并

①② 《戊辰六条疏》。
③ 《教庆尚道观寄使李清书》。
④ 《答李达李天机》。
⑤ 见郑之云《天命图说》。
⑥ 《非理气为一物辩证》。
⑦ 《答南时甫》。

且“直谓理气决是二物”①。他不仅批评气一元论的主张，而且对阳明学也大张挞伐。当时阳明学传入朝鲜不久，他就站在正统的朱子学立场，写了《传习录论辩》等文论，对王阳明的观点进行系统批判。当然，儒学之外，他对佛、道同样持批判态度。

李退溪在与各种哲学流派论辩中，得出了一个结论，那就是：“古今人学问道术之所以差者，只为理字难知耳。”②于是，他更加致力于对“理”的探讨，深入研究了理气、道器、性情等许多重要问题，从而发挥乃至发展了中国的程朱理学。

李退溪论理气，一方面肯定理主气从，理帅气卒，“理贵气贱”；另一方面又主张理气相须不离，“天下无无理之气，无无气之理”③。理与气“相须以为体，相待以为用”④。

关于理气动静问题，李退溪进一步发展了朱熹的思想，明确论证了理有动静。照朱熹的说法，理“无情意、无计度、无造作”⑤，是寂然不动的绝对本体，而“气则能凝结造作”，是产生一切事物的“种子”，气“酝酿凝聚生物，但有此气，则理便在其中”⑥。这就是说，理不动而气动。然而，无情意、无计度、无造作之寂然不动的理，何以能主宰气而化生

---

① 《非理气为一物辩证》。

② 《答奇明彦论四端七情第二书》

③ 《答李宏仲问目》。

④ 《答奇明彦论四端七情第一书》。

⑤⑥ 《语类》卷一。

万物，朱熹并没有讲清楚。所以有人问李退溪："朱子曰：理无情意、无造作。既无情意、造作，则恐不能生阴阳。"李退溪回答说："盖无情意云云，本然之体；能发能生，至妙之用也。"① 他又进一步论述道："无情意、造作者，此理本然之体也。其随寓发见而无不到者，此理至神之用也。"② 他引进体用范畴来解释朱熹的话，说明理之体虽无情意、造作，理之用却能发能生，至妙至神。这实际上是肯定了理的运动功能。

朱熹谈到理气动静问题时还说过："太极，理也，动静，气也。气行则理亦行，二者常相依而不相离。太极犹人，动静犹马，马所以载人，人所以乘马，马之一出一入，人与之一出一入。"③ 这又是明言动静属气，而理无动静。李退溪对此解释说："古人以人乘马出入，喻此理乘气而行，正好。盖人非马不出入，马非人失轨途，人马相须不相离。"④ 这是把朱熹的话理解为理气相须之意，从而回避了理气的动静问题。

但是朱熹毕竟也说过"理有动静，故气有动静"。李退溪据此加以发挥说："盖理动则气随而生，气动则理随而显。……二者皆属造化，而非二致。"⑤ 这是明言"理动气生"，赋予理以能动性，克服了朱熹理气动静观中的理论缺欠，从而发展并完善了理学体系。

---

① 《答李公浩问目》。
② 《答奇明彦·别纸》。
③ 《语类·周子之说》
④ 《答奇明彦》。
⑤ 《答郑子中·别纸》。

李退溪论道器，与理气密切联系。他认为，“道器之分，即理气之分。”① “凡有貌象形气而盈于六合之内者，皆器也。而其所具之理，即道也。道不离器，以其无形影可指，故谓之形而上也；器不离道，以其有形象可言，故谓之形而下也。太极住阴阳中，而不离乎阴阳，故云上耳，非谓在其上也；阴阳不外于太极，而依旧是形气，故云下耳，非谓在其下也。然就造化而看，太极为形而上，阴阳为形而下。”② 道器关系同于太极阴阳、理气关系，两者也是相须不离。但“就造化而看”，理毕竟是造化万事万物的形而上的本原，气不过是形而下的“材料”，由此观之，则道为形而上，器为形而下。

以天道论人道，将理气关系推导于性情关系上，就引出了朝鲜半岛哲学史上著名的“四七论辩”。“四七”指《孟子》中的仁、义、礼、智“四端”与《礼记·礼运》中的喜、怒、哀、惧、爱、恶、欲“七情”。“四七论辩”就是辩论四端与七情的关系。此论辩始于李退溪改郑之云（字静而）的《天命图》。郑之云《天命旧图》有“四端发于理，七情发于气”。后来采纳李退溪的意见，《天命新图》改为“四端理之发，七情气之发”。这是根据《朱子语类》卷五十三所说“四端是理之发，七情是气之发”③ 而改的。李退溪的弟子奇大升（字明彦，号高峰）对此改动提出质疑，因而李、奇二人以书信往复的形式展开了论辩。

① 《非理气为一物辩证》。

② 《甲子答李宏仲》。

③ 《答奇明彦·论四端七情第一书》。

奇大升从“理气相须不离”的观点出发，认为四端、七情也不可分离，“四端，情也；七情，亦情也。”① “四端七情皆兼理气，同实异名，不可以分属理气。”② 李退溪解释说：“四端，非无气而但云理之发；七情，非无理而但云气之发。”只是“本自有主理主气之不同分属”。“一则理为主，故就理言；一则气为主，故就气言耳。”③ 这是说，四端与七情虽然都是理气互发，但二者毕竟不同，四端以理发为主，七情以气发为主，还是有区别的。在这里，奇大升所谓四端、七情，是就人的一般情感而言；其理气论，是强调理气不可分离。李退溪所谓四端、七情，则主张四端是人的道德情感，与一般情感不完全相同；其理气论，是既承认理气两者互发，又承认各有所主，同中有异。为了更明确地表达自己的观点，李退溪又把理气与四端七情的关系概括为“四则理发而气随之，七则气发而理乘之”④。以此避免“分别太甚”之嫌，更清楚地说明理气互发互随，因此四端与七情同中有异，异中有同。

李、奇论辩之后，当时著名哲学家李珥又提出四端七情都是“气发而理乘之”，反对李退溪的“四则理发而气随”之说，从此四端、七情论辩绵延三百年之久，分为主理论与主气论两派，其中包含着理本论与气本论两种宇宙观的争论。

李退溪的哲学思想是相当丰富的。中国程朱理学自明中叶以后，理论上少有进展，而在朝鲜半岛，却由李退溪加以

---

① 《答奇明彦·论四端七情第一书》。

②③④ 《答奇明彦·论四端七情第二书》。

发挥和发展，使程朱理学在朝鲜王朝呈数百年振兴之势。并且，日本朱子学的始祖藤原惺窝“离佛入儒”，以及日本海南朱子学派，也受到了李退溪思想的重要影响。由此可见，李退溪可谓16世纪理学家的重要代表人物。

与李滉同时而稍后，另有一位著名哲学家李珥。李珥（1536—1584年）是朝鲜江陵府北坪村（今江原道江陵市鸟竹轩洞）人，字叔献，号栗谷、石潭、愚斋，出身官僚世家，曾任副提学、大提学、清州牧使、承政院通副承旨、右承旨、兵曹参判、大司谏、大司宪、户曹判书、吏曹判书等要职。在学术和教育方面，他主要从事书院教育，创立了独立的学派。著作有《答成浩原》《东湖问答》《圣学辑要》《经筵日记》等多种，均收录于《栗谷全书》中。

李珥是一位政治改革家，他从儒家的伦理纲常出发，主张“亘古今而不可变者，王道也，仁政也，三纲也，五常也”①。同时，他忧国忧民，怀有同情劳动人民之心。他痛斥当权者的奢靡无度：“食不为充腹，盈案以相夸，衣不为蔽体，华美以相竞。一桌之费，可为饥者数月之粮，一袭之费，可为寒者十人之衣。”② 并针对当时国困民穷的严重情况说：“今者民生之困，甚于倒悬，若不急救，势将空国，空国之后，目前之需，辨出何地耶?”③ 因此，他积极提倡社会改革、政治改革，主张变法，认为“法因时制变”，“大抵虽圣

①② 《栗谷全书·万言封事》。

③ 《栗谷全书·东湖问答》。

王立法，若无贤孙有以变通，则终必有弊”①。他在政治、经济、行政、军事方面提出过一系列的革新图治方案，产生了积极的影响。

李珥的哲学思想，基本上倾向于理气二元论。他一方面批评李滉完全尊信朱子的态度，说“退溪多依样之味”②，顺便提出了自己对朱子的看法。另一方面又批评了徐敬德的气一元论陷入“指气为性之误”③ 和罗钦顺的气本论观点。他基于理气二元论，认为“理者气之主宰，气者理之所乘也。非理则气无所根柢，非气则理无所依著。既非二物又非一物，非一物故一而二，非二物故二而一也”④。

从这种见解出发，他认为气一元论和理先气后的理一元论都有缺陷。他说：“程子曰：器亦道，道亦器。此言理气之不能相离，而见者遂以理气为一物。朱子曰：理气决是二物。此言理气之不相夹杂，而见者遂以理气为有先后。近来所谓性先动、心先动之说固不是道矣，至如罗整庵以高明超卓之见，亦微有理气一物之病。退溪之精详谨密，近代所无，而理发气随之说，亦微有理气先后之病。”⑤

按照李珥的说法，理没有形态、没有运动能力，气则有形态、有运动能力，这与李滉的理动说相异。李滉认为，太极或理自己运动而生阴阳二气。李珥则认为，没有运动能力的太极或理不能生阴阳，阴阳无始，它本来就包含在太极之

① 《栗谷全书·东湖问答》。

②③④⑤ 《栗谷全书·答成浩原》。

中。太极化生万物，是由于太极内部阴阳二气的相互作用。

李珥还说过："天地之间者，莫非气也。"① "天地虽大，不过为元气中之一物，则天地中之物，亦不过大物中之一小物也。"② 这种论述很接近气或元气一元论的观点。

但是，李珥并不赞成气一元论，他介于气一元论和理一元论之间，最终还是倒向理本论。他提出"理通气局"的观点，认为理无形无为、无先后、无本末，"而其本然之妙无乎不在"。气涉形迹，有本末、先后、清浊、偏正，参差不齐。所以理能贯通一切事物，气则局限于不同的事物。③ 由此他进一步认为，理为形而上者，气为形而下者，天地万物化生，"其然者气也，其所以然者理也"④。"理气无始，实无先后之可言。但推本其所以然，则理是枢纽根柢，故不得不以理为先。"⑤ 这最终还是回到了朱子的理本论学说。

李珥的认识论有许多合理的内容。他首先说明，人的思维器官依赖物质性的肉体，而思维知觉本身则是"精气"的功能。他还认为，人的感情意识必由于思维知觉器官感于外物方能发生，如果离开外物，就无所谓感情意识。

他进一步论述分析了人的认识过程，提出"人之所见有三层"，即认识有三个阶段。第一层是"读圣贤之书，晓其名目"；第二层是"晓其名目而又能潜思精察，豁然有悟其

---

① 《栗谷全书·天道》。
② 《栗谷全书·天地之法》。
③⑤ 《栗谷全书·答成浩原》。
④ 《栗谷全书·易数策》。

名目之理，了然在心目之间”；第三层是“既悟名目之理，了然在心目之间，而又能真践力行，实其所知。及其至也，则亲履其境，身亲其事，不徒目见而已也。如此方可谓之真知也”①。这个“晓名目”“知理”“真践力行”而获得“真知”的过程，约略接近了从感性到理性、再由理性到实践而获得真知的过程。这是朝鲜半岛认识论发展史上的一大进步，他的思想为后来的实学派所继承。

李珥对于李滉与奇大升的“四七论辩”，倾向于奇大升的观点，并对其有所发展。他反对李滉七情分开，主张四端包含在七情之中，反对李滉的“理气互发”说，主张“理气兼发”说。在他看来，理无形无为，气有形有为，所以无为的理不能发，有为的气才能发。他与李滉的论辩，虽基本上仍属朱子学内部的争论，但其中却又包含着主理与主气两种对立倾向。

## 第七节　朝鲜王朝后期的儒学

朝鲜王朝前半期，统治者依靠儒臣建国治国，从国家体制、礼仪、学校教育，到百姓的道德教化，都以儒学特别是朱子学为内容，社会比较稳定。但到朝鲜王朝后半期（17—19世纪），封建社会急剧衰落。自1592年至1598年，朝鲜经历了长达七年之久的反对日本入侵的战争（壬辰卫国战争），社会经济遭到极大破坏。到17世纪二三十年代，正当朝鲜经

① 《栗谷全书·答成浩原》。

济刚刚有所恢复时，又遭到北方女真族的两次入侵，生产力再度受到破坏，人民生活极为贫困。自17世纪40年代以后，农业才逐渐恢复到战前水平。由于战争，官营手工业衰退，民间手工业却代之而兴，对外贸易也有显著增加，以鸭绿江和图们江沿岸边境城市为中心的中朝贸易最为活跃，朝日贸易也相当兴盛。商品货币经济的发展，瓦解了封建自然经济的基盘，在意识形态中居于统治地位的朱子学，也衰落下去，完全脱离实际生活，停留在空理空谈。正统的儒学者们，依然重复着四七理气论、礼论等经院式的论争，稍有独创性则受到压制。尽管如此，还是有些人在思想理论上取得了某些发展。在朝鲜王朝后期，李珥主气派的代表人物是宋时烈，站在李珥主气派方面的还有韩元震。主理派的代表人物有奇正镇和李震相。

宋时烈（1607—1689年）号尤庵、华阳洞主，字英甫，谥号文正，是李珥弟子金长生的弟子，历仕仁、孝、显、肃四朝，官至宰相，从祀文庙。其诗文集为《宋子大全》。他是李珥哲学的忠实继承者，在理气关系问题上完全支持李珥的见解。

宋时烈对李珥与李滉就理气先后问题及动静问题的争论提出了自己的见解。在他看来，李滉所谓“理有动静”，是从“理之主气”的角度讲的，而李珥所谓“理无动静”，则是从“气之运理”的角度讲的。他认为，从“源头”上说，理先气后，从“流行”而言，则理气无先后。这是站在全面理解朱子思想的立场上，试图把退溪与栗谷的观点统一起来。但是，宋时烈终究还是倾向于栗谷的“气发理乘”说，他进一步发挥了李珥关于四端、七情都是“气发而理乘”的观点，明言“朱子以为四端亦有不善者。”“四端何以亦有不善乎？夫四端亦气发而理乘之故也。发之时，其气清明，则理亦纯善，其气纷杂，则理亦为之所掩而然也。”①

退溪、栗谷之后，宋时烈成为朱子学的大家，对朱子的思想深信不疑。他用栗谷的“四七理气说”，反对退溪的理气观，认为退溪是根据朱子的“理之发”“气之发”的说法立论，而这种说法实际并不是朱子的，它是朱子弟子辅英卿整理朱子语录时误加的。他所著的《朱子言论同异考》，对此作了专门论证。

在宋时烈看来，朱子思想没有谬误，谁要是怀疑或反对朱子，那便是“斯文乱贼”或“斯文大贼”。正因为如此，他得到封建统治者的信任，其哲学成了朝鲜王朝后期占统治地位的正统思想。

韩元震（1682—1750 年）号南塘，他赞同李珥的观点，并继承和发展了李珥哲学的积极方面。

韩元震在本体论上持理气二元论的立场，认为“天地间只有理与气而已”②。他强调理气不可分，有理必有气，有气必有理。在理气先后、动静问题上，他支持宋时烈的观点，主张“从源头言，则理气有先后；从流行言，则理气无先后。从理而言，则理有动静；从气而言，则气乃动静”③。这实际

---

① 《杂说》。

②③ 《南塘集·经筵说》。

上是退溪与栗谷见解的折中。

韩元震用一气的变化来解释天地万物的生成、变化、发展、消灭，认为天地万物皆生于一元之气，又复归一元之气。因此，万物都有盛衰、消长、生灭，天地也不是一个固定不变的天地，只有一元之气才是不灭的。他把气的变化形态分为气体、液体、固体三种，从而把“湿”（水）看作基本形态，说：“一元之气，只是湿底，此水所以为天地万物之始终也。”① 这带有自己的特色，大概与五行说中以水为首的思想有关。他进一步指出，一元之气作为物体的始源，具有“升降飞扬”的不同运动形式，由此决定了万物的千差万别和千变万化。而一元之气的运动变化，又是基于阴阳（动静）相互对立的原理。

但是韩元震最后还是倒向了理本论的观点，主张从“源头”讲，毕竟是理主气从，所以“主于理者为正学，主于气者为异端。正学异端之辨，只在于理与气而已矣”②。

韩元震著《朱子言论同异考》，反对退溪的理气互发说，赞成李珥的气发理随说，强调四端、七情都是“气发理乘”，并用这种观点来论人心道心的不同，说：“道心，四七之为道义而发者，善一边也；人心，四七为口体而发者，兼善恶也。”③ 不论人心、道心，都是有所“感”而后“发”，“其所感者不同，故所发者亦异。食色感则人心发，道义感则道

① 《南塘集·杂识外篇》。
② 《南塘集·经筵说》。
③ 《南塘集·读农岩性恶沦辩》。

心发”①。这样，四端七情、人心道心，就都是外界事物作用的结果。人的思想感情的产生，离不开外界事物的作用。

奇正镇（1798—1876 年）号芦沙，历任司宪府掌令、工曹参判、户曹参判等职。他主张理一元论，反对气一元论，说：“圣贤眼中盈天地都是理。众人眼中，盈天地都是气。”② 关于理气关系，他认为先有理，后有气，“理之尊无对”，“气亦理中事”。并且“气为发与行，实受命于理，命者为主，而受命者为仆，仆任其劳，而主居其功”③。基本继承了李退溪的观点。

李震相（1818—1886 年）号寒洲，一生主要以读书著述为事，主张理先气后，理主气从，认为“异端之说，百途千岐，而其始皆由于认气，其终归于主气”④。他的哲学立场，虽然是继承退溪的主理论，但远不及退溪思想深刻和丰富，明显趋向教条化和僵化，预示着朝鲜王朝朱子学正统地位末日的到来。

## 第八节　实学思潮与北学（中国学）派的兴盛

在朝鲜王朝后期，形成了反朱子学传统的实学思想潮流。实学的产生，除了当时朝鲜国内的各种社会条件之外，另一个重要的条件就是与中国的频繁交往，以及通过中国而受到

① 《南塘集·人心道心说》。
② 《芦沙集·答郑载圭》。
③ 同上，《猥笔》。
④ 《理学综要》卷一。

欧洲自然科学和技术的影响。17 世纪初，朝鲜使臣到北京，带回了欧洲地图，从而了解了西方世界。以后，西方传教士利玛窦等人在中国出版的天主教书籍及大量自然科学书籍，都陆续传到了朝鲜。

西方新鲜的科学知识和技术，使进步的知识人士开阔了视野，他们的思想意识也发生了深刻的变化。他们认识到旧的性理学等学问已无助于国家的发展，因而开始研究对人民实际生活有益的知识和技术，除了研究天文、数学、地理等自然科学知识之外，还研究中国的政治、经济、军事、历史、文学、音乐等多方面的学问，通过这些研究提出改革方案。这样便形成了实学派。

朝鲜的实学思想家们，吸取中国先进思想家黄宗羲、顾炎武、颜元等人的“实事求是”的方法和爱国主义思想，去除了清朝考据学的消极面，吸收其积极的方面，为朝鲜的富强发展努力创造新的理论。朝鲜实学思潮发生于 17 世纪初，在 18 世纪得到大发展。早期的实学思想家有李睟光、金堉、柳馨远等人。

李睟光（1563—1627 年）号芝峰，是实学的先驱者。他亲身经历过壬辰卫国战争，目睹了朝鲜统治者的无能。后来三次出使中国，接触到欧洲文化，由此他进行自我反思，形成了进步的实学思想。他反对朱子学派偏狭的读经主义、教条主义，认为“国事日以萎靡，朝纲日以紊乱，是则无他，皆坐不实之病也”。主张“以实心而行实政，以实功而致实效，使念念皆实，事事皆实，则以之为政，而政无不举，以之为治，而治无不成”①。因此他著《芝峰类说》，细密地考证了天文、地理、历史、风俗、宗教、文艺等各个领域，为实学思想的发展打下了基础。

金堉（1590—1658 年）号潜谷，他精通新的科学和技术，主张发展货币经济，在经济方面提出了一系列改革方案，对实学思潮的形成起了促进作用。

柳馨远（1622—1673 年）号磻溪，是早期最杰出的实学思想家。他知识渊博，是百科全书式的学者，注重研究西方科学，通晓天文、地理、数学、音乐、医学、军事等诸多领域，著述颇丰。因其思想理论尖锐地批判了占统治地位的朱子学派，触犯了统治阶层的利益，所以终生不遇，其著作也大部分未能出版而被埋没，现存仅有文集《磻溪随笔》十三册二十六卷。

他对当时哲学上讨论的中心问题理气关系问题，提出了自己的见解，认为“天地之理，著于万物，非物，理无所著。圣人之道，行于万事，非事，道无所行”②。这就是说，自然界的法则（天地之理）和人类社会生活的诸原则（圣人之道）就存在于具体事物之中，离开具体事物，“理”或“道”就无从表现。并且他还指出，事物都有其相互联系、相互依存的两个方面，“凡物之理，体用相因，方圆相函”③。所以事物才处于不断运动变化之中。

---

① 《芝峰集》卷二二。

② 《磻溪随笔》卷二六。

③ 《磻溪随笔》卷一。

他强调事实、经验的重要性，认为没有经过实际证明的东西是不可信的。据此，他反对各种迷信思想和祭祀活动，批判佛教的虚妄性和非现实性，认为这些都有碍于社会生产力的发展，要求加以禁止。

基于实学思想，柳馨远在政治、经济、军事、文化等各个领域提出了改革方案。在他看来，“物旧则变，法久则弊，法弊则改”。“不变废法，无由反治”①。他认为，改革的关键是“正田制”，因为土地是“天下之大本”，大本紊乱则百废失当，天下无由而治。他主张实行“科田制”（均田制），把私有土地无条件地归公，然后按人口分给农民。对不同身份等级的人有所区别。同时要减轻农民负担，废除苛捐杂税。在重视农业发展的同时，鼓励手工业、商业的发展。他还提出废除奴婢世袭制、科举制、笞刑等一系列有进步意义的改革主张。

到 18 世纪，实学思想更进一步丰富、发展，形成了独立的体系。其代表人物有李瀷、洪大容、朴趾源、朴齐家，19 世纪初的丁若镛集其大成。

李瀷（1681—1763 年）字子新，号星湖，他继承和发展了柳馨远的实学思想，对儒学及天文、地理、历史、制度、风俗、军事、文学等有广泛的研究。他同时涉猎西方的自然科学和天主教方面的书籍，反对朱子学派固陋的读经主义，主张社会改革和政治改革。他的著作有《四书疾书》《五经

① 《磻溪随笔》卷一。

疾书》《星湖僿说》等，皆收入《星湖全书》中。

他继承了中国和朝鲜半岛的气一元论思想，认为“凡盈天地间者，莫非气也”①。他把气分为宇宙间的“大气”和具体事物的气两种，就“大气”而言，“气无不充，故无大无小”②。这就是说，“大气”是无始终、永远不灭的。而具体事物的气，是有生有灭的，它随事物的生灭而生灭，它只是“大气”的运动变化的具体形态。

他还谈到认识（知）的发展过程，说：“以知言之，则今日格一物，明日格一物，格多则知进。……今日得一事，明日得一事，有不学学之，不能不措也，有不辨辨之，不得不措也，有不行行之，不笃不措也，此之谓进也。”③ 这就是说，认识是循序渐进的过程，是通过“格物”得到的，并且认识和实行是相辅相成的。他把王阳明的知行合一说与朱熹的格物致知说结合起来，又把行先知后说与知先行后说结合起来，提出了“学有兼知行”的说法，主张“学有以身学者，有以心学者，学则皆可谓之行。然则孝弟之类，是身之行也，读书穷理之类，是心之行也”④。

李瀷从实学立场出发，揭露和批判了当时社会的许多腐败现象，并主张“法久弊生，弊必有改，理之常也”⑤。由此他提出改革土地制，在土地公有的基础上给农民分配一定数量的“永业田”，改革赋税制，减轻农民负担，大力发展农

①② 《星湖僿说》卷一。

③④ 《星湖僿说》卷二。

⑤ 《星湖僿说》卷三。

业生产。在政治上，他反对君主和勋戚权宠的专断，规劝君主要听“孺子”的意见；主张废除世袭奴婢法；解放奴婢为良人；主张纠正科举制的弊端，实行“科荐合一制”，等等。他所提出的一系列政治和经济改良主张，虽然有些在当时根本不可能实现，但总体上还是具有进步意义的。

洪大容（1731—1783年）字德保，号湛轩，是卓越的自然科学家，北学（学习中国）论者。他青年时期就无意赴科举，后来曾出仕为官，但不久即弃官归家，专心研究西方和中国的科学技术。他反对儒学者以空谈性理为事，用实事求是的方法，深入研究了天文、地理、数学、历法，对政治、经济、兵制、教育也很感兴趣。在实学者中，他的科学知识最丰富。洪大容的知识和思想倾向，受中国文化影响颇大。他曾于1765年随叔父来北京，考察研究中国的政治、经济、文化及西方科学技术，多次访游琉璃厂的文粹堂、五柳居、先月楼、鸣盛堂等书店，并与钱塘著名学者陆飞、严诚、潘庭筠等结为挚友，虽然他与这些中国学者语言不相通，但“主客以笔，纵论剧谭，并以道义相助，成君子交”①。这样，使洪大容“益觉中华人物之不可企及”②。所以他归国之后，力主学习中国及传入中国的西方科学技术。其著作均收入《湛轩书》中。

洪大容是气本论者，他说：“太虚寥廓，充塞者气也。无

---

① 潘庭筠《湛轩记》。

② 《湛轩书》外集卷二。

内无外，无始无终，积气汪洋，凝聚成质，周布虚空，旋转停止，所谓地月日星是也。”① 由此，他进一步提出“地圆地转”的理论，否定了传统的天圆地方、天动地静的说法。同时，他又认为无限的宇宙空间有“几千万亿”银河系，“日地诸界，居其一尔”②。他还结合当时的自然科学知识，用气的运动变化系统地论证日月山川、风雨雷电等自然现象，对当时朝鲜半岛的天文学等自然科学作出了重大贡献。

洪大容论理气关系，明确主张气本理从，反对以理为气的主宰。他说：“充塞于天地者，只是气而已，理在其中。”“且所谓理者，气善则亦善，气恶则亦恶，是理无所主宰而随气之所为而已。”③ 他从无神论出发，揭露天主教、佛教、道教的虚妄性，反对以宗教“诳人”“惑人”，同时反对以灵魂不灭为基础的祖先崇拜和当时盛行的风水说。

洪大容主张知行统一，并特别重视行，认为读书虽精，不去实行，也只是“无用之故纸”。他所谓的行，不仅指道德践履，更重要的是指“律历、算数、钱谷、甲兵”等方面的实践。他从重行的观点和实学立场出发，提出改革田制、发展农业、选贤任能，实行“兵农一致”等加强国力的改革方案。

朴趾源（1737—1805 年）字美仲，号燕岩，是 18 世纪朝鲜卓越的实学家、著名的北学论者。他的知识学问广及政治、经济、文化各领域，对天文学和数学也有很深的研究，

①②③ 《湛轩书》内集卷。

尤其注重研究朝鲜的历史、文化及现实问题。他在二十多岁时，就已崭露头角，写了《两班传》等多篇短篇小说及一些抒情诗、政论文等，揭露两班统治者的腐败无能和对人民的残酷掠夺。

1780 年，朴趾源跟随使节团来中国，游北京、热河等地，实地考察了中国的科学技术和人民的生活，并和一些中国学者讨论政治、经济、文化等方面的问题。回国后经十三年时间，写了著名的《热河日记》（二十六卷），记述自己在中国的亲身经历，详细介绍清朝各个方面的情况。针对当时朝鲜一些人把清朝贵族统治者视为“夷狄”，因而不肯学习中国的态度，他指出：“为天下者苟利于民而厚于国，虽其法之或出于夷狄，固将取而则之。而况三代以降圣明帝王汉、唐、宋、明固有之故常哉。……故今之人，诚欲攘夷也，莫如尽学中华之遗法，先变我俗之椎鲁，自耕、蚕、陶、冶以至通工、惠商，莫不学焉。”强调从中国学习先进科学技术和文化的重要性，并提出了改革朝鲜社会的主张。

当时正祖在位，有志于改革，比较支持实学思想，所以朴趾源曾一度为官，力图实现自己的政治抱负，改革不合理的制度和机构，并写了许多有关政治、经济方面的论著。但 1800 年正祖去世，朝鲜统治者更趋向反动，朴趾源遂辞官归家，专事著述。他一生著述极丰，常是赤裸裸地暴露当时的社会矛盾，因此被统治者视为禁书，不得刊行。直到 1916 年，才有一部分遗稿被编为《燕岩集》六册而刊行。1936 年又收罗其全部遗稿，刊行了《燕岩集》十七卷。

朴趾源同洪大容一样主张“地圆地转”说，反对“地方地静”说，并对许多自然现象作了比较科学的解释。他在自然观上，主张宇宙始源于同一的物质性的“微尘”；所以他说：“以吾等尘界，想彼月世，则亦当有物积聚凝成，如今大地，一点微尘之积也。”① 不仅地球、月球和宇宙间诸多星辰是“微尘”所积而成，而且天地间万物也都是“微尘”形成的。“尘尘相依，尘凝为土，尘粗为沙，尘坚为石，尘津为水，尘煖为火，尘结为金，尘荣为木，尘动为风。尘蒸气郁，乃化诸虫。今夫吾人者，乃诸虫之一种族也。”②

由此，他进一步批判了神学目的论，认为由“微尘”或金、木、水、火、土五行所构成的物质性的世界，有它自己的运动变化规律。

在理气关系问题上，朴趾源主张气是万物之本，理依于气，是气中之理。“万物之生，莫非气也。天地，大器也，所盈者气，则所以充之者理也。阴阳相荡，理在其中，气而包之，如桃怀核。”③

在朴趾源的哲学观点中，还含有鲜明的辩证法思想。他认为，天地万物是永恒运动的。运动变化的过程，也就是旧事物不断消灭、新事物不断产生的过程，是生生不已、日新月异的过程。“天地虽久，不断生生，日月虽久，光辉日新。”④ 事物的运动变化达到一定程度，必向自己的对立面转

①② 《燕岩集》卷一四。

③ 《燕岩集》卷二。

④ 《燕岩集》卷一。

化，这是圣人也无法改变的，是不以人的意志为转移的，“圣人所未能者，运也。盈亏消长者，天之运也。孤虚旺相者，地之运也。久则思变，久则思新，穷则思通，此运之际也”①。他变革现实的种种主张，就是以这种辩证的哲学思想为基础的。

朴齐家（1750—1805 年）字次修，号楚亭、贞蕤，是朴趾源的杰出弟子。曾任县令等职，又任奎章阁（王室图书馆，实际上相当于国王正祖的秘书机关）初代检书官。他反对朱子学派的性理空谈，为使朝鲜富强提出了许多具体方案，既是有名的实学思想家，又是有名的诗人。他的诗与李德懋、李书九、柳得恭的诗合编为《巾衍集》，清朝学者李调元、潘庭筠为之作序。

朴齐家是北学论的积极倡导者。他曾多次来中国，考察中国人的物质生活和文化生活，结交了纪昀、李调元、潘庭筠、李鼎元、鲍紫卿等著名学者。对当时输入中国的西方文化也有很深的研究。他著有《北学议》等书，这些书把有益于“利用厚生”的中国先进制度和文化介绍到朝鲜，并结合朝鲜的国情，提出了改革朝鲜政治、经济、文化的各种措施。其《北学议》序说：“辄随其（中国）俗之可以行于本国、便于日用者，笔之于书，并附其为之之利与不为之弊而为说也，取《孟子》陈良之语，命之曰‘北学议’。”

朴趾源也为朴齐家的《北学议》作序称：“试一开卷，

---

① 《燕岩集》卷一三。

与余日录无所龃龉，如出一手。此固所以乐而示余、而余之所欣然读之、三日而不厌者也。”同时他盛赞清朝“规模之广大，心法之精微，制作之宏远，文章之焕赫，犹存三代以来汉、唐、宋、明固有之故常”。因此，“如将学问，舍中国而何?”

朴齐家主张在发展农业的同时，还要发展手工业和商业，他特别重视商业的发展，并主张积极与海外进行通商。他指出，在高丽时代，即有宋朝船到礼成江，而朝鲜王朝四百年，却无商船与中国往来，这是个极大的失误。因此他认为，在富国方面应积极向中国学习：“善理财者，上不失天，下不失地，中不失人。器用之不利，人可以一日，而我或至于一月二月，是失天也。耕种之无法，费多而收少，是失地也。商贾不通，游食日众，是失人也。三者俱失，不学中国之过也。”①

他批评那些以“尊明攘夷”为理由而不肯向中国学习的人：“苟利于民，虽其法之或出于夷，圣人将取之，而况中国之故哉！今清国故胡矣，胡知中国之可利，故至于夺而有之，我国以其夺之胡也，而不知所夺之为中国，故自守而不足。……今也以堂堂千乘之国，欲伸大义于天下，而不学中国之一法，不交中国之一士，使吾民劳苦而无功，穷饿而自废，弃百倍之利而莫之行，吾恐中国之夷未可攘，而东国之

① 《北学议·财富论》。

夷未尽变也。”① 朴齐家力主学习中国先进的文物制度，并通过中国学习西方科学技术，这在当时具有十分重要的意义。

丁若镛（1762—1836 年）字美镛，号茶山，又号与犹堂，出身南人派两班家庭，少习儒学，对朝鲜和中国的历史、文学有广泛的研究，又受李瀷、朴趾源、朴齐家等实学思想家的影响。二十三岁时接触到基督教和西方近代自然科学方面的书籍，遂转而学习新的科学知识和技术。二十八岁科举及第，步入仕途，历任兵曹参议、左副承知、谷山府使等职。1801 年因“辛酉邪教事件”受牵连，被诬为“邪教徒”，流放达十八年之久。流放期间，由于直接体验到社会现实生活的各个方面，其实学思想得到较大发展，他从实学立场对儒家经典进行考证，作出新的解释，写出了多部有关儒家经典的论著。流放生活结束后，他晚年继续从事著述，一生著作广及哲学、天文、地理、历史、法律、政治、经济、文学、军事、技术、医学等各个领域，今存《与犹堂全书》，多达五百余卷。

丁若镛科学技术知识很丰富，曾亲自研制出起重机、活字等，在筑城及枪炮、兵车制作技术方面颇具专长，尤其是他在朝鲜最先试验成功了种痘法，对人们的健康具有重大意义。他所掌握的自然科学知识和技术，是其进步的世界观形成的基础。

丁若镛主张天地万物始源于“太极”，太极是“天地之

① 《北学议・尊国沦》。

胚胎”。天、地、水、火四大物质相互作用，生成雷、风、山、泽，进而“以至日月星辰之象，草木禽兽之形”①。这样，天地间的万物便形成了。太极及天地水火等等，其内容都是物质性的气。他认为，《易》所谓“太极生两仪，两仪生四象，四象生八卦”，也是讲气的运动变化，“《易》之为字，包含日月，是亦气之始”②。

他认为，从太极到万物，都是一气贯通的，世界统一于物质性的气。气有阴阳两个对立的方面，事物内部也总是有两个相互对立、相互作用的方面，由此促成事物的运动发展，生生不息。他说：“《易》曰一阴一阳之谓道者，天地所以生育万物。”③

丁若镛又认为，“理”是事物内在的客观的法则，它不能脱离具体事物而单独存在。因此他批评《孟子》“万物皆备于我”的观点，说：“天地万物之理，各在万物身上，安得皆备于我。犬有犬之理，牛有牛之理，此明明我之所无者，安得强为大谈曰‘皆备于我’乎?”④ 人们要认识和把握万物之理，就必须通过耳、目、鼻、口与外物接触，“理本无形，而象则有形，非此有形之接于耳目，何以知无形之理?”⑤ 耳目等感觉器官是物我相接的“门路”，通过这个门路收到客观事物的声、色等属性，再“纳之于心”，才能形成对客观事物之理的认识。

---

① 《与犹堂全书》卷四四。

②③④ 《与犹堂全书》卷四七。

⑤ 《与犹堂全书》卷四八。

他从这种自然观和认识论出发，反对空谈天理、性命，认为朱子学派所谓脱离具体事物的理是根本不存在的。所谓人性，只是本于人的“嗜好”，把性讲得“渺茫幽远，恍惚夸诞，自以为毫分缕析，穷天人不发之秘，而卒之无补于日月常行之例，则亦何益之有矣”①。仁、义、礼、智也是辨明事物而后才形成的，“仁义礼智之名，成于行事之后”，“岂有仁义礼智，四颗磊磊，如桃仁杏仁，伏于人心之中者乎！”② 从而批评了在天理、人性等问题上的先验论观点。

丁若镛继承先行实学家们的进步观点，对朝鲜半岛社会制度的各个方面，从田制到税制、官制、法制、学制、兵制以及政体，都提出了自己的政策方案。他的社会观近乎社会契约论，在他看来，“远古之初，民而已，岂有牧哉？民于于然聚居，有一夫与邻哄，莫之决，有叟焉，善为公言，就而正之，四邻威服，推而尊之，名曰里正。”里正之上又有党正、州长、国君、方伯乃至皇王，都是基于民的公举而产生的，所以“皇王之本起于里正，牧为民有也”③。这种观点虽未能正确解释国家的起源和帝王的产生，但却否定了君权神授之类的说法，否定了封建制度和帝王权力的天然合理性与神圣不可侵犯性，在一定程度上反映了人民群众反对封建统治的要求。

由此他进一步认为，在古代社会，法律也都是依据人民

---

① 《与犹堂全书》卷二。
② 《与犹堂全书》卷五。
③ 《与犹堂全书》卷十。

意志和人民利益，经里正、党正、州长、国君至皇帝，“从民望”而制定的，“故其法皆便民”①。“后世”则不同，“一人自立为皇帝”，各级官吏均行其私，并且“皇帝循己欲而制之法”，由各级官吏贯彻执行，“故其法皆尊主而卑民，刻下而附上，一似乎民为牧生也”②，揭露和批判了封建专制政治。从这种社会观和政治见解出发，他主张从邻长（五家一邻）直至皇帝，各级官吏都由群众选举产生，并且被选举人一旦违背民意，即便是天子也可以把他改选掉。这种试图用民主制代替君主制的思想，显然超过了此前实学家们的政治理论和政治主张。

丁若镛继承了先行实学思想家们的田制改革思想，并对其作了进一步发展。他和先行实学家们一样，主张解决民生问题和社会问题的关键是土地制度的改革。但是他又认为，从朝鲜的国情来看，要实行古代中国的井田制或实学者所设想的科田制、均田制、限田制等等，都缺乏现实性。他提出了自己认为最理想的田制改革方案。这个方案的基本原则是土地属于国家和劳动农民，“唯耕者得田，不耕者不得田”③。

照这个原则，他又具体设想出“闾田制”。闾田制就是把农户按区域划分为“闾”，这是农业生产的最基层单位。三闾一里，五里一坊，五坊一邑。闾设闾长，一闾的土地，

①② 《与犹堂全书》卷十。

③ 《与犹堂全书》卷九、卷一一。

闾内人共同耕种，没有私人土地。收获物除缴纳公税和供闾长俸给外，其余按劳动日分配，多劳多得。商人、工人以其商品或产品交换谷物，学者、技术性劳动者因其性质与普通劳动者有别，根据他们的贡献大小以一对十的比率计算报酬。不劳者不得食。

丁若镛的田制改革主张虽然是一种空想，但他反对土地兼并和地主私人占有土地，反对剥削制度，这在当时是前无古人的先进思想。

## 第九节　朱子学“异端”——汉学与阳明学的崛起

17、18 世纪，朝鲜儒学中兴起了反对朱子学派的“异端”学派——汉学（考据学）和阳明学派。汉学家反对朱子学派对经传的注释方法，他们广泛参考汉代古注，直接研究先秦儒家经典。其代表人物有尹镌、朴世堂。

尹镌（1617—1680 年）号白湖。他注释儒家经典，多与朱子学立异，特别是他改注了朱子的《中庸集注》，大大发挥自己的见解，被宋时烈攻击为“斯文乱敌”。宋时烈说：“盖古今天下为恶者何限，而未有攻斥朱子如镌者也。虽以中朝异学如王（阳明）、李（贽）者，其言之不逊，亦未有如镌者也。”① 他反朱子学的强烈态度，终招致杀身之祸。

尹镌主张世界万物始源于物质性的气，“气之始生曰太

① 《宋子大全》卷五三。

极，阳阳分曰两仪，气合构形曰四象”①。在这里，他明确地以太极为气，反对朱子学以太极为理的说法，并且提出了气生太极、分阴阳、成天地进而结合为世界万物的生成论原理。

他不仅用气来说明宇宙的形成，而且用气来解释人的心、性、情，认为“心性者，如太极之生四象。四象者，气之交于形也。心性者，亦气之交于形也”。“心者，气之构形也。情者，心之交于物者也”②。他断定，心、性、情的存在基础是气，并且只有与外界有形事物接触才能形成，从而反对朱子学先验的心性论。据此，他批判李滉的四端七情“理气互发”论，认为“七情，情也，四端，亦情也。持四端者，七情之动，而不失其正者耳”③。尹镌的哲学思想，对实学派哲学思想的形成有直接影响。

朴世堂（1629—1703 年）字季肯，号西溪，曾涉足仕途，官至判中枢府事。其学问以注释儒家和道家经典见长。所著《思辨录》《南华经注解删补》等，皆注重考据，采取汉学家做学问的态度。他所注解的儒家经典，多与朱子学相异，所以当时被视为毁谤朱子、淆乱经典的罪人，《思辨录》被查禁，本人也遭流放。

朴世堂注《老》《庄》，以为老庄所谓道即是气，“万物俱受阴阳之气以生，阴阳一道也”④。他又认为，“道”与

---

①② 《中庸解说》。

③ 《四端七情人心道心说》。

④ 《道德经注》。

“名”的关系是体用关系，“道者体，名者用，道以名为用，名以道为体，体用二者废一不可。……体不离用，用不离体，有无两者，其本一而异其名”①。

朴世堂主张，世界万物皆始于气，“有气而后有形，有形而后有生”。“知觉运动是生也，肌骨毛血是形也，其能凝聚肌骨毛血、使有知觉运动，是气也”②。就是说，知觉依赖形体，形体又根源于气，所以，“气聚为生，其散为死”③。他的气一元论的哲学思想，对朝鲜半岛哲学的发展起到了积极作用。

在汉学兴起的同时，朝鲜的阳明学也出现了活跃的趋势。王阳明《传习录》初刊的第三年，即 1521 年（中宗十六年），就传到了朝鲜，从此阳明学被朝鲜一些学者所接受。宣祖（1568—1611 年）时，由于宣祖本人对阳明学怀有兴趣，所以当时出现了李瑶等阳明学者。但宣祖之后，阳明学受到正统朱子学的严重压制，难以得到发展。17 世纪中叶以后，才趋向活跃，其突出代表人物是郑齐斗。

郑齐斗（1649—1736 年）字士仰，号霞谷，出身汉城两班家庭，历任工曹左郎、户曹参议、汉城府尹、元子辅养官等职。他对阳明学“心深欣会而好之”④，不顾正统朱子学派的迫害，积极研究和传播阳明学。他的著作，除《万物一体说》《良知图说》等是阳明学方面的著作之外，其他

① 《道德经注》。
②③ 《南华经注解删补》。
④ 《霞谷集·存言下》。

几乎都是关于天文、历算等自然科学方面的。他主张学问要有利于社会实际，反对空谈空论，这与当时的实学思潮相通。

郑齐斗批评一些朱子学者为私利、党争而反复重复经院式的理论论争，认为他们“不是学朱子，直是假朱子。不是假朱子，直是传会朱子以就其意，挟朱子而作之威、济其私”①。他赞成王阳明“心即理”“心外无理”的观点，反对朱子学者“析心与理为二”，并且认为理与气、心与性也都是不可分离的。他说：“凡言理气两决者，诸子之支贰也，理气不可分言。言性于气外者，理气之支贰也，心即理也，性即理也，不可以心性岐贰矣。”② 他和其他阳明学者一样，强调心或“良知”的作用，认为人心是“感应之主，万理之体”③。

在知行问题上，郑齐斗也继承了王阳明的知行合一说，认为“致知”与“力行”不可分开，“若曰致知，则知之而行焉，已无不尽矣”④。由此他反对虚论空理，主张真正的学问应该“力行”，应该有益于社会。

这里顺便提一下，近代还有一位杰出的思想家朴殷植（1859—1926 年），曾著《儒教求新论》和《王阳明实记》，主张用阳明学改造旧儒学，以适应近代的社会现实。他把阳明学理论发展到了新的高度。

---

① 《霞谷集 · 存言下》。

②③④ 《霞谷集 · 存言中》。

## 第十节　朝鲜王朝后期的气一元论思潮

朝鲜王朝后期，正统的朱子学经实学及汉学、阳明学的冲击，其权威性大大动摇。到18、19世纪，形成了气一元论的哲学思潮，其最杰出的代表是任圣周、崔汉绮。

任圣周（1711—1788年）号鹿门，曾任低微官职，中年后辞官隐退，专事著述、教育。他批判地继承了李珥学派的哲学思想，吸收了徐敬德的观点，建立了气一元论的哲学体系。

任圣周认为，气充满宇宙之间，它在时间上和空间上都是无限的，万物的发生、发展、消灭，只不过是这物质性的气的作用。所以他说："宇宙之间，直上直下，无内无外，无始无终，充塞弥漫，做出许多造化，生得许多人物者，只是一个气耳。"①"天地之间，若大若小，若精若粗，其散殊变化，往来消长，总只是一气屈伸之自然耳"②。

在理气关系上，他反对"理先气后"说，主张理气不可分割地联系着，认为将理气"判而为二物"，是盲信"朱子决是二物之语"，是"暗中摸象"的错误见解。

他继承张载的气一元论观点，反对朱子的"理一分殊"说。在他看来，人和天地万物的多样性，皆源于一气的运动变化形态不同，所以，与其说是"理一分殊"，倒不如说是

---

①② 《鹿门集》卷一九。

“气一分殊”，“气之本一而已矣，而其升降飞扬感遇凝聚之际，或大或小，或正或偏，或刚或柔，或清或浊，自不能不千差万别，而随其凝聚各为一气，即张子所谓游其纷扰合而成质，生物之万殊者也”①。

崔汉绮（1803—1877年）字芝峦，号惠岗、明南楼，出自两班家庭，曾任通政、佥知。他积极研究当时输入的西方自然科学，通晓天文、地理、物理、数学、心理学等各个学科，并在此基础上建立了自主的唯气论哲学。他既是杰出的气一元论哲学家，又是朝鲜王朝后期著名的实学代表人物之一。著作有《明南楼全书》数百卷，其主要的哲学著作是《气测体义》五卷。

崔汉绮论气说：“天地人物之生，皆由气之造化。”“日用常行，涵育发用，虽欲舍是气而不可得。”② “充塞天地，渍洽物体，而聚而散者，不聚不散者，莫非气也。我生之前，唯有天地之气，我生之始，方有形体之气，我没之后，还是天地之气。天地之气，大而长存。形体之气，小而暂灭。”③这就是说，世界的本原是物质性的气，气充塞宇宙，造化万物，在空间和时间上是“大而长存”即无限的和永久的。构成人和万物的形体之气有生有灭，所以人和万物都有生灭变化。形体之气来于天地之气，又复归于天地之气，是天地之气的具体形态，天地之气本身并没有生灭。

① 《鹿门集》卷三。
② 《气测体义·序》。
③ 《气测体义·神气通》。

关于气的性质，崔汉绮说："气之为物……，无体不透，无物不洽，欲要有空隙而不可得，欲使扑灭而不可得，大凡一团活物。"① 就是说，气作为物质，普遍存在于一切事物之中，具有不可入性和不灭性，是万物生成的本原。他又说："天下万物比喻者多，而惟气不可比喻，亦无比喻之质。"它"自有纯淡滢彻之质，纵有声色臭味之随使，其本性则不变"②。这是说，气不与任何具体事物相似，伴随它的具体事物虽有声色臭味等属性，但这并不能改变气自身的本质。也就是说，气是一切具体事物共同的本质，是对具体事物的高度抽象和概括。他对气的这些描述，较之此前哲学家对气的解释，明显接近于科学的物质概念。

关于理气关系，他明确肯定理是"气之条理"，所以"理在气中"，"有气必有理"，"无气必无理"③。他进一步把理分为"天地流行之理"和"人心推测之理"，并且指出"自然者，天地流行之理"。"当然者，人心推测之理"。前者是自然法则，自然规律，"非人力之能加减，又有迟速，非人力之所能进退"④。就是说具有不以人的意志为转移的客观实在性。后者则是主观原则、规范，是人对客观法则的反映和利用。这种理气观，比较科学地总结了朝鲜半岛哲学史上数百年的理气关系论争。

---

① 《气测体义·气之功用》。
② 《人政》卷一二。
③ 《气测体义·流行理推测理》。
④ 《气测体义·推测与气有先后》。

崔汉绮论动静，认为动和静是不可分割的，“动中自有静，静中自有动”，“动静不相割绝”①。动静虽然总是联系着，但还是可以相对地测度。“立表测晷，非以静测动，实以动之速者，测动之迟者。设仪器而测日影之早晚，虽若以静测动，然取地运之说推之，其实以速测迟也”②。在这里，他运用当时的自然科学知识，深刻论证了运动的绝对性和静止的相对性，认为静止只是运动较迟之物相对于运动较速之物而言。这种科学的动静观，较之前人的动静观是一大进步。

在认识论方面，崔汉绮提出认识过程的三阶段。第一阶段是通过感官与外物接触，产生感性认识，这是认识的基础，这个阶段是“得来于外”的阶段，简言之，即“入”的阶段。第二阶段是通过“神气”（精神思维作用）“记绎”已有的经验，并从而由已知“推测”未知。这个阶段相当于理性认识，是“习染于内”的阶段，即“留”的阶段。第三个阶段是把已经得到的认识“发用”于实际，是“施之于外”的阶段，即“出”的阶段。③ 这种认识的三阶段论，已经朴素地意识到认识运动的规律，在当时算是一种很卓越的见解。不仅如此，他还提出，认识的是否正确，不能靠“自断自足”，“必须验于人”，“又须验于物”，而且要“屡试屡验”，“方通其真”④，相当正确地把握了实践在认识中的作用。

---

①《气测体义·动静互根》。

②《气测体义·以动速测动迟》。

③《气测体义·收入于内，发用于外》。

④《气测体义·广试验通》。

# 第三章　朝鲜半岛的佛教

## 第一节　佛教初传海东

佛教发源于印度，但自从传入中国之后，即化为中国佛教。朝鲜半岛的佛教在古代基本上是中国佛教的展开，所以应当视之为中国文化传播与发展的一个极为重要的方面。当然，这并不是说朝鲜半岛佛教只是中国佛教的伸延，中国佛教传到朝鲜半岛之后，逐渐民族化、本土化而为朝鲜半岛佛教，并反过来影响中国佛教的发展，中朝佛教形成了一种交流互动的关系。

佛教由中国传入朝鲜半岛，始于朝鲜半岛的三国时期。高句丽最早接受了中国佛教，百济次之，新罗又次之。据《三国史记·高句丽本纪》记载，高句丽小兽林王二年（372年），中国前秦苻坚派遣僧人顺道赴高句丽，带去了佛像、经文。“王遣使回谢，以贡方物”。第二年，又有僧人阿道前往。于是，高句丽建造肖门寺和伊弗兰寺，分别让顺道、阿道两位僧人住居，开始广传佛法。高丽僧人觉训 1215 年所撰的《海东高僧传》和高丽一然的《三国遗事》中，均有与《三国史记》大体相同的记述，共认高句丽小兽林王二年即372年前秦王苻坚派遣使者和僧人送佛像、经文到高句丽为“海东佛法之始”。值得注意的是，就在同一年，高句丽设立太学，以儒家学问教授贵族子弟。这说明小兽林王对儒学和佛教都持积极接受的态度，亦可见高句丽有佛教之初，即实行儒佛并行而不悖的政策。佛教通过民间渠道传到高句丽，可能比顺道、阿道赴高句丽的时间还早一些。据《高僧传》①说，东晋名僧支遁（道林，314—366年）曾给高句丽道人写书信称颂竺潜（法琛）的风范。而前秦僧人顺道赴高句丽传佛教，是在支遁入寂六年之后。由此可以推想，在顺道、阿道之前，高句丽民间就已经有信仰佛教者，并且与东晋佛教有密切的联系。又《高僧传》之“昙始传”载，东晋关中僧人昙始在孝武帝太元末年即396年，带着经律数十部到高句丽传佛法，“显授三乘，立以归戒”，直到东晋安帝义熙（405—419年）初才返回关中，在高句丽弘传佛法达十年之久，可以说是在高句丽民间成规模的弘法之始。392年，高句丽第十八代王故国壤王敕建国社宗庙，并令全国崇信佛法以求福，把崇佛与敬神结合起来，使佛教得以顺利传播。第十九代广开土王二年（393年），在平壤创立了九寺。第二十一代文咨王七年（497年），又建金刚寺。此后佛教教化渐行，名僧辈出。到第二十四代阳原王（545—558年）时，有

① 《竺潜传》卷四。

法师惠亮开堂讲经，产生了很大的影响。后来他到了新罗，真兴王让他任僧统，在新罗始置百座讲会和八关之法。

第二十五代平原王（559—589年）时，有僧人义渊“性爱传法，意在宣通”。当时高句丽的大丞相王高德也“深怀正信，崇重大乘，欲以释风披之海曲”。王高德便派义渊到北齐的国都邺，向北齐僧统、定国寺沙门法上讨教佛教的“始末缘由”。义渊由此大受启发，他回到高句丽后，“揄扬大慧，道诱群迷”，对高句丽佛教的普及作出了贡献①。

前秦顺道、阿道时，中国的佛教研究还处在黎明期，鸠摩罗什还没有到中国。东晋隆安五年（401年），罗什入长安，得到后秦之主姚兴的推尊，因而三论学得以广泛传播，空宗蔚然而兴。同时，佛陀跋跎罗译出了《华严经》和《禅经》，这些都影响到高句丽的缁流；不久，出生在辽东的高句丽僧人僧朗（5世纪末到6世纪初人）入梁精研佛学，到摄山（江苏宁府）栖霞寺从法度受学，法度寂后，继位栖霞寺住持，他“为性广学，思力该普，凡厥经律，皆能讲说，华严、三论，最所命家”②。梁武帝钦慕他的学德，送去僧侣十人跟随他学三论。僧朗死后，十名僧人中的僧铨嗣其法统，继续弘传三论之学，成为中国三论宗的先驱。中国三论宗的创始人吉藏，天台九祖湛然等，都在其著述中对僧朗大加推重。

---

① 《续高僧传》卷十；《海东高僧传》。

② 《高僧传》卷八。

义渊、僧朗之后，高句丽之入华求法传法者还有波若、智晃、印公、实法师等。据《续高僧传》“智越传”、《人天宝鉴》以及《三国遗事》“惠现求静”条记述，高句丽波若在南朝陈代入华，先在金陵听受诸大德讲经说法，深得佛法妙义。隋初游学四方，开皇十六年（596 年）入天台山请天台宗开祖智者大师授禅法。开皇十八年，遵智者之嘱，往智者昔日修头陀行之所，即天台山最高峰——华顶，日夜勤苦修道十六年，直至入寂。有关智晃、印公、实法师的记载均见于《续高僧传》等。

同时，高句丽僧人还到百济、新罗乃至日本广传佛法，更扩大了佛教的影响。595 年，高句丽僧人惠慈到日本，与百济僧人惠聪共同担任圣德太子的老师，惠慈不仅向圣德太子教授三论学，而且还教授《法华经》《维摩经》《胜鬘经》等经典，进行相当广泛的佛教教育。传说是圣德太子所撰的“三经义疏”，即《法华经义疏》《维摩经义疏》《胜鬘经义疏》，很可能与惠慈教授的佛教内容有关系。另外，日本三论宗的初祖慧灌，即是高句丽人，据日本《元亨释书》卷一载，慧灌曾“入隋受嘉祥吉藏三论之旨”，后返回高句丽。日本推古天皇三十三年（625 年），他奉高句丽王之命，到日本传法，敕住奈良元兴寺，任职僧正，大弘三论宗旨。继惠灌之后不久，高句丽僧道登于 625 年入唐从吉藏学三论，然后往日本，住元兴寺弘三论宗（见日本《本朝高僧传》卷七十二，《扶桑略记》卷四）。惠灌、道登皆从中国三论宗创始人吉藏受学，之后又都赴日本弘法，是古代中、朝、日佛教交流的优秀使者。

但是，高句丽并非独尊佛教，而是儒、佛、道并尊，所以在意识形态上出现了三教鼎立的局面，缺乏精神性的统一，宗教纠纷和思想混乱不断发生；到高句丽后期，佛教逐渐衰微下去，道教一时兴盛起来。

佛教传入百济的年代，比高句丽晚十二年。在百济枕流王元年（384 年）九月，印度僧人摩罗难陀由东晋赴百济。第二年，百济在都邑慰礼城（今首尔附近）建起佛寺，请难陀入住，开始传佛法。《三国遗事》卷三记载：“《三国史记》百济本纪云：第十五枕流王即位甲申，胡僧摩罗难陀自晋至，迎置宫中礼敬。明年乙酉，创佛寺于新教汉山州，度僧十人，此百济佛法之始。”摩罗难陀从东晋到百济，百济王亲自出宫迎接，礼遇优厚，由此可以推想，百济王的使者到东晋朝贡时，可能接触到或谈到佛教，甚至可能提出请东晋僧人到百济传法的要求，所以难陀在百济才受到王宫的隆重接待，可见他带有点东晋使者的身份，如同前秦苻坚遣使者和僧人顺道赴高句丽一样。

从摩罗难陀自东晋把佛教传到百济之后，佛教被迎入百济王室，到阿莘王（枕流王之子）元年（东晋太元十七年，392 年）二月，诏敕全国“崇信佛法求福”（《三国遗事》卷三），佛教开始兴盛。但自此以后，一百余年间，见不到有关百济佛教的记事。这期间，百济与高句丽战乱频仍，百济都城被迫由汉城南迁熊津。到梁天监年间（502—520 年），有百济僧发正入华求法，三十年后返回本国。陆杲（459—532

年）的《系观世音应验记》记其事云："有沙门发正者，百济人也。梁天监中，负笈西渡，寻师学道，颇解义趣，亦明精进。在梁三十年，不能顿忘桑梓，还归本土。"照此记述，发正当是解行兼具的僧人，但不知其所学所修为何。

到陈朝时，有僧人玄光入华学天台，《宋高僧传》"陈新罗国玄光传"对此有详细记载，说玄光是"海东熊州人也"。熊州当时属百济，并非属新罗，说他是新罗人，可能有误。玄光在南朝陈时求法中夏，到湖南衡阳（南岳）拜天台宗二祖慧思为师，慧思密授法华安乐行门。玄光禀此法门，勤苦精进，很快证悟法华三昧，得到慧思认可。后遵师嘱，回到百济熊州翁山，说法授徒，受道之众皆得开悟。弟子中一人受记，一人入火光三昧，二人入水光三昧。火光三昧和水光三昧是比四禅八定更深层次的禅定。

百济佛教从开始就带有强烈的戒律主义倾向，百济圣王四年（526 年），留学僧谦益从印度归国，同时他还请来印度僧倍达多三藏，带回阿毗昙藏和梵本五部律，他们召集名僧二十八人，合力翻译成汉文律部七十二卷，这是百济有律宗之始。

接着，昙旭、惠仁两位法师又著《律疏》三十六卷，圣王为之亲作《毗昙新律序》，更促使律学发达起来。圣王十九年（541 年），百济又遣使至梁，请求《涅槃》等经，梁朝满足了使者的要求①。百济法王元年（599 年），更明令全国禁止杀生，民养家禽要全部放掉，并销毁一切狩猎渔捞用具，

---

① 《梁书》卷五四；《三国史记·百济本纪》。

这是百济佛教戒律主义发展的极点。

当时朝鲜半岛的三国，因佛教而与中国、日本紧密地联系起来，展开了普遍的交流活动；在这种交流活动中，百济佛教对日本影响极大，552 年（百济圣王三十年，日本钦明天皇十三年），百济王遣使到日本，向日本朝廷赠送金铜佛像、经论及幡盖等物，表赞佛法的功德，这是日本有佛教之始。此后，百济常有名僧和佛工、寺工到日本，大大推动了日本佛教文化的发展。588 年，日本尼僧善信等数人赴百济，学戒律三年，而后把律宗传到了日本。602 年，百济观勒到日本游化，同时带去历法、天文、地理及遁甲、方术等书籍。观勒是三论学匠，又博通外学，后来常住元兴寺，被任命为僧正，这是日本最早的僧正。609 年，僧人道藏为研究成实论到日本，撰成《成实论疏》十六卷，成为日本成实宗的实际始祖。665 年，百济尼僧法明渡日，诵读《维摩经》行医治病，她因此而成名，现在日本佛教界以吴音诵经，据说就是法明尼之遗风。

百济佛教较高句丽佛教纯粹，受儒、道影响较小，同时又不像新罗佛教那样被政治化，带有自己的特点，注重虔诚求福，宣传从现实中解脱，比较倾向于个人的、内面的立场。

佛教传入新罗又晚于高句丽和百济，大约是在 5 世纪时，佛教通过高句丽传入新罗。据《三国遗事》引“新罗本纪”说，新罗讷祇王（417—457 年）时，有沙门墨胡子从高句丽到新罗一善郡，郡人毛礼把他安置在家中。正巧有中国派去的使臣赠香给新罗王，新罗君臣全都不知道香的名称和用途，于是遣人遍向民间寻问。墨胡子见到了香，他说："焚此则香气芬馥，所以达诚于神圣。所谓神圣未有过于三宝。若烧此发愿，则必有灵应。"当时，王的女儿有病，便焚香表誓，王女的病果然很快就好了。另外还有一种传说，毗处王（479—499 年）时，有阿道（又云我道）和尚到了毛礼家，居住数年而死，其侍者三人继续留住，讲读经律，往往有信奉者①。

但是，那时新罗国尚以民族神为唯一的最高神，民族神具有不可动摇的权威性，所以佛教一时未被国家承认。进入 6 世纪以后，佛教渐在新罗普遍传播，在贵族内部引发了崇佛与排佛之争，发生了异次顿殉教事件（事见《三国史记》卷四，《三国遗事》卷三），直到法兴王十四年（527 年），才宣布佛教为新罗公认之教。两年后，法兴王进而发令全国禁止杀生，遵行佛教仪式，由此佛教才真正得到朝廷的支持。

三国之中，新罗是最自觉地用佛教统一意识形态的国家。真兴王五年（544 年），前王法兴王时即已破土动工的兴轮寺建成，真兴王又制定国法，允许国民出家为僧尼，并进而依靠国家的力量，建起了皇龙寺、祇园寺、实际寺等大寺院，从而涌现出了一批杰出的僧尼，赴中国的游学僧如觉德、明观等也先后回国。在这样的形势下，新罗王室便有意识地培养并控制佛教教团，通过佛教把民族的族内精神提高为国家

① 以上传说见于《三国史记》卷四，以及《东国通鉴》卷五、《海东高僧传》。

的统一精神。真兴王征讨巡狩时也常常带着僧侣，他又在大书省和少书省置吏司宰管佛事，任命归化新罗的高句丽僧人惠亮为僧统，僧统之下设大都唯那和都唯那娘（尼僧职务），负责组织发展教团。僧统惠亮负责国家性的佛教仪式，首开八座讲会及八关会。八座讲会是依据《仁王经》的内容，为防内乱外患、祈祷国家安泰而设置的法令。八关会是为俗人信佛教举行的一昼夜修八戒的法会。真兴王晚年削发出家，号法云，他因而成为政教的双重主宰者，力图在新罗国土上把所谓正法王国现实化。

在真兴王时代，有名的花郎道组织产生了。花郎道是在贵族子弟中选出容貌端庄者为花郎，以花郎为中心，集合起千百郎徒，组成青少年团体。花郎团成员常一起学文习武，游览山川，借此培养同志情义，其目的在于通过集团训练，造就为实现理想国家而献身的有为人才，而其理想国家，就是在新罗国土上应被现实化的弥勒净土。这实际上是真兴王利用佛教信仰，为实现其建国理想培植人才和组织力量。到真智王（真兴王之子，576—579 年）时代，花郎被认为是弥勒化身，越发得到广泛信仰。花郎团既是宗教性又是政治性的团体，造就了不少在统一三国时发挥重大作用的政治、军事人物，表明新罗佛教的护国性质。

新罗僧侣们许多曾到中国求法，回国后不仅传中国佛教新流派，而且从中国带回可使新罗强大的各种科学文化知识。他们为新罗统一教化王室贵族，振奋民族精神，发挥了重要作用。其中著名者有圆光等。

据《续高僧传》《三国遗事》《海东高僧传》等所记，圆光（532—630 年）俗姓朴（或云姓薛），新罗琼州（庆州）人，真平王十一年（589 年）入陈求法，兼学儒术；经陈帝许可，归依佛乘，落发受具足戒。他游历讲肆，学《成实》《涅槃》等经论。又投虎丘山修定，综涉四含、通达八定。后来出讲《成实》《般若》，声名远播，归者日众。隋开皇九年（589 年），又游帝都长安，宣讲《摄论》，誉满京师。开皇二十年（真平王二十二年，600 年），因新罗王频请而归国。归国后住嘉栖岬（清道郡），常讲大乘经典，王臣归向。

圆光撰述有《如来藏私记》《大方等如来藏经疏》等，不仅致力于弘扬大乘佛教，而且积极参与国民伦理的建设。特别是他所作“世俗五戒”，是佛教信众应当坚持的五种世俗性道德规范，对新罗国家颇有意义。其五戒是：事君以忠；事亲以孝；交友有信；临战无退；杀生有择。此五戒激励青年人为新罗而奋勇作战，表明佛教对于新罗的防卫与对外征服发挥了作用。在 608 年，为制止高句丽入侵，圆光曾受命作《乞师表》，向隋帝请求援兵。以圆光为代表的新罗佛教界指导者们认为，若能带来功德，特别是能有益于新罗，即或杀生也不是罪过。

善德女王时期（632—647 年），又有慈藏律师出，使佛教更进一步与新罗的国民精神合为一体。慈藏俗姓金，出身贵族，因父母早丧，深厌世华，舍弃妻子及家财，出家为僧，投身林壑，独修白虎观。善德王欲其为官，但累征不就，国王要杀他，他说：“吾宁一日持戒而死，不愿百年破戒而生。”王愧服而准其出家。636年，慈藏奉敕率门人僧实等入唐，先登清凉山拜文殊大圣，后入京师，得到唐太宗的厚遇，敕住胜光别院。643年，慈藏以王命归国时，唐太宗应他的请求，赠大藏一部四百余函并像、幡、花盖，从此朝鲜半岛才有大藏经。他回国后住芬皇寺，曾在宫中讲《摄大乘论》，又在皇龙寺讲菩萨戒本七日七夜。他热衷于用佛教统一国家、培养国力，被任命为“大国统”这一非常职务，可以说这是以三国统一为目标而进行国民精神总动员的最高负责人。他于是创灵鹫山通度寺，筑戒坛以度四方来者，又建元宁寺，讲《华严》万偈。在宣传佛法、从事著述的同时，他又努力整顿佛教组织，确定住持、修奉、轨仪诸事。佛教因而大盛，国中之人受戒奉佛者十室有八九。至此，新罗佛教成为名副其实的占统治地位的意识形态。

慈藏又上奏国王，招百济阿非知在皇龙寺建高大的九层木造塔，以向佛祈愿新罗对外征服的成功和三国的统一。慈藏的教学，以律学和华严思想为主，著有《诸经戒疏》十余卷，《出观行法》一卷，但今皆佚失。由于慈藏的主张，新罗从真德女王时代（647—654年）官服开始采用唐制度，并使用唐高宗的永徽年号，反映出新罗为统一三国而加强与唐关系的意向。

此外，也有些僧人入唐归国后把密教传到了新罗。据《三国遗事》卷五记述，善德王时新罗人明朗入唐求法，东还后创建金光寺，宣传密教，被称为神印宗之祖。善德女王有病时，曾让明朗在皇龙寺设百高座讲《仁王经》，度僧百人，以祈康复。后来又有沙门惠通入唐学习佛教，返国之后，曾在孝昭王（692—701 年）时用咒术为王女治病，王女病除，孝昭王大悦，拜惠通为国师，于是密教之风大振。

还有些僧侣致力于在新罗民众中传播佛教。如真平王时代（519—631 年）的惠宿，以地方村落为活动舞台，建立弥陀寺，广传弥陀信仰，宣称不论什么人，只要念唱阿弥陀佛，即可得到往生。善德女王时代的惠空，则身背庶民的畚箕，饮酒歌舞，走街串巷进行教化，被称为负箕和尚。大安也是这样，他衣着褴褛，边敲铜钵边在市镇传教。他们为了吸引民众，尝试着新的布教途径，在新罗佛教和新罗人中，渗进了一种奔放不羁的精神。

## 第二节　新罗名僧元晓

新罗统一三国之后，国力充实，文化也得到较大发展，唐朝文化源源不断地输入，融会于其社会之中。统一新罗文化中的最重要的一个方面，就是佛教文化。

三国统一之前，新罗佛教带有强烈的护国性质，服务于政治目的。统一后的新罗佛教，仍然带有护国色彩，但同时加强了宗教性和哲学思辨性。三国时期的佛教虽然有许多派别，但主要目的是祈祝国家强盛和个人免祸消灾，佛教中的哲学思想并未展开。统一新罗时期的佛教，则在理论思维方面得到了较大发展。

这个时期的佛教多彩多姿，有所谓五教九山之称（五教指涅槃、律、华严、法相、法性诸宗，九山见后述），出现了非常隆盛的局面，高僧不断涌现，其中最著名者有元晓、义湘、圆测等。

元晓（617—686年），俗姓薛，幼名誓幢，是朝鲜半岛佛教史上最著名的佛学家，即使与中国著名的佛学家们相比，也毫不逊色。新罗真平王三十九年（617年），即隋大业十三年出生于新罗押梁郡（今韩国庆尚北道庆山郡慈仁面）佛地村。据宋《高僧传》黄龙寺元晓传载，元晓“草髹之年，惠然入法，随师禀业。游处无恒，勇击义围，雄横文阵，仡仡然桓桓然，进无前却。盖三学之淹通，彼土谓为万人之敌，精义入神为若此也”。

这是对元晓早年活动的记载。在古代“草髹之年”约为十五岁，儿童束发。这样，元晓是十五岁出家入了佛门。出家后，他历访善知识，问学求道。曾问道于鹫岳之朗智和延福之普德。元晓曾住于灵鹫山西北的磻高寺。其时，朗智住于灵鹫东峰。元晓与朗智过往甚密。朗智曾要求元晓著《初章观文》和《安身事心论》。元晓著完此二文，在书后附了一首偈。偈曰：

西谷沙弥稽首礼，东岳上德高岩前。
吹以细尘补鹫岳，飞以微滴投龙渊。①

① 《三国遗事》卷五。

偈中“西谷沙弥”，是元晓自称，元晓所住的磻高寺在灵鹫东峰之西。

后来，元晓因“慕奘三藏慈恩之门”，决意入唐求法，与义湘法师结伴同行。途中，“行至本国海门唐州界，计求巨舰，将越沧波。倏于中途遭其苦雨，遂依道旁土龛间隐身，所以避飘湿焉。迨乎明旦相视，乃古坟骸骨旁也。天犹霡霂，地且泥涂，尺寸难前，逗留不进，又寄埏甓之中。夜之未央，俄有鬼物为怪。晓公叹曰：前之寓宿谓土龛而且安，此夜留宵托鬼乡而多祟。则知心生故种种法生，心灭故龛坟不二。又三界唯心，万法唯识，心外无法，胡用别求，我不入唐。却携裹返国……”①

这是宋《高僧传》记载的元晓悟道的经过和悟道颂。回到家乡的元晓，改自家为初开寺，自称元晓，开始了佛教教理的研究和教化众生的实践。从“自称元晓”中可以看出，元晓悟道的喜悦和对佛教的信心。据《三国遗事》卷四载，“元晓者，盖初辉佛日之意尔。元晓亦是方言也。当时人皆以乡言称之始旦也”。据《三国遗事》元晓不羁条记载，元晓曾失戒，与瑶石公主生有薛聪。此后易俗服，自号小姓居士。这是元晓求道生涯中著名的事件。而元晓与瑶石公主所生的薛聪，是新罗时期著名的儒学家，为儒学在新罗的传播与普及做出了卓越的贡献，官至翰林，高丽显宗时赠弘儒侯，从祀文庙。

---

①《宋高僧传》皇龙寺元晓传。

元晓的求道生涯中，接化众生的宗教实践是一个不可忽视的极为重要的侧面。据《三国遗事》元晓不羁条记载，元晓，“偶得优人舞弄大瓠，其状瑰奇。因其形制为道具。以《华严经》‘一切无碍人，一道出生死’命名曰无碍，仍作歌流于世。千村万落且歌且舞，化咏而归。使桑枢瓮牖玃猴之辈，皆识佛陀之号，咸作南无之称，元晓之化大矣哉!”

元晓晚年住芬皇寺，专心于著述活动。他“纂《华严疏》至第四十回向品，终乃绝笔”①，于“垂拱二年（686）三月三十日终于穴寺，春秋七十也”。元晓“既入寂，聪碎遗骸塑真言，安芬皇寺，以表敬慕终天之志”②。

元晓一生著述甚丰，广及佛教经、论、律及各家各派的学说，后人誉之为“百部论主”。其著大部分流传到高丽中叶，但到了李朝，多已佚失，所剩无几。现存著述有二十一部二十二卷。排列如下：

1.《法华经宗要》一卷；2.《大慧度经宗要》一卷；3.《涅槃经宗要》一卷；4.《无量寿经宗要》一卷；5.《弥勒上生经宗要》一卷；6.《璎珞本业经疏》一卷；7.《华严经疏》一卷；8.《金刚三昧经论》一卷；9.《阿弥陀经疏》一卷；10.《菩萨戒本持犯要记》一卷；11.《菩萨戒本私记》上卷；12《大乘起信论疏》二卷；13.《大乘起信论别

---

① 《三国遗事》卷四。

② 金相铉《历史中读到的元晓》第五章。

记》一卷；14.《中边分别论疏》一卷；15.《判比量论跋文及断简》；16.《游心安乐道》一卷；17.《大乘六情忏悔法》一卷；18.《发心修行章》；19.《二障义》；20.《十门和诤论断片》；21.《晋译华严经疏序》。

元晓的现存著述已皆收入《韩国佛教全书》第一卷。

由于现存著述不多，这为我们研究元晓思想带来了不少困难，但通过这些著述，我们不难看出其佛学思想的主要倾向和基本特征。最为重要的是，我们从元晓现存的任何一部著述中，很容易发现贯串其所有著述的一以贯之的哲学思想——和诤。在元晓的哲学世界里，和诤是世界观，是方法论，是佛法之开显，是万法之所归。

元晓在《法华经宗要》中主张佛乘无乘；在《大慧度经宗要》中说实相无相；《大乘六情忏悔法》中辩一体无二；《涅槃经宗要》中论涅槃之心性体用一如；《弥勒上生经宗要》中强调法性一如；《无量寿经宗要》中解心性体平等；《金刚三昧经论》中主张一切众生同一本觉；《起信论疏》及《别记》中力主一心无心，真俗平等；《游心安乐道》中讲心性融通；《华严经疏》中提倡真俗圆融无碍。这样一个和诤思想是对中国佛教的继承和发展，同时成了朝鲜半岛佛教乃至朝鲜半岛文化的根本理念。

元晓作为佛学者，面对当时中朝佛教界“或言我是，言他不是，或说我然，说他不然”（《十门和诤论》）的宗派纷争局面，经过对各宗派的深入研究和探讨，继承中国和朝鲜半岛传统中重“和”的理念，又正视“诤（争）”的方面，由此提出自己的主张。他在所著《涅槃宗要》中论述说：“统众典之部分，归万流之一味；开佛意之至公，和百家之异诤；遂使扰扰众生，佥归无二之实性，梦梦长睡，并到大觉之极果。”这里有三个基本点，其一是统合众典“归万流之一味”。“一味”是指什么？是指佛教所说的“真如”，“真如”即是“空”，“喻如虚空，容受一切长短等色、屈申等业。”（《十门和诤论》）“空”的境界可以无所不包，包容一切事物、一切宗派、一切理论。这是在承认差异、矛盾和斗争前提下的包容，不是不分是非的调和，更没有设定一个至高无上的统合一切的主体或主体思想。这种观点可以称为虚空包容观。其二是“开佛意之至公，和百家之异诤”。“佛意之至公”是什么？元晓说，就是大乘佛教的“平等法性，同体大悲”（《十门和诤论》）大悲也就是大爱，不是儒家的“爱有差等”，而是平等之爱，也不是墨家建立在“交相利”基础上的“兼相爱”，而是在佛与众生“同体”前提下的利他之爱。这可以称为平等大悲观。其三是使众生“归无二之实性”。“无二之实性”是什么？就是他在《起信论疏》中所说的“举命总摄六情，还归其本一心之源”的“一心”，“一心”即是“众生心”，他认为，人心从根源上说是相通的，是相同的。这可以称为一心同源观。中国的心学首倡者陆九渊曾说过：“宇宙即是吾心，吾心即是宇宙。”“千万世之前”“千万世之后”以及“东南西北海”的圣人都是“同此心，同此理”（《陆九渊集·杂说》）。两者虽然对“心”的理解不同，但思维方式有相似之处。

虚空包容观、平等大悲观、一心同源观，这“三观”可以说是元晓“和诤”的理论基石。“和诤”不是无原则的调和，其中体现着对“争”的肯定，它承认各种思想理论的并存并行。“和诤”是站在一种极高的境界上超越一般所谓“和”与“争”的思维方式。

元晓在《金刚三昧经论》（入实际品）中对“和诤”的思维方式有一段说明：“若诸意见诤论兴时，若同空执而说，则异有执，所同所异，弥兴其诤。又复两同彼二，则自内相诤，若异彼二，则与二相诤。是故，非同非异而说。非同者，如言而取，皆不许故；非异者，得意而言，无不许故。由非异故，不违彼情，由非同故，不违道理。于情于理，相望不违。”这是以佛教中的空、有之争为例，来论说“和诤”思想，其意思是说，当各种不同的意见发生争执时，假如你同意执“空”者的观点而加以辩说，则与执“有”者相异，这样，你无论是同意“空”观而异于“有”观，还是同意“有”观而异于“空”观，都会使争论愈演愈烈。另外，如果你对双方的观点都赞同，则双方的内争仍然不得解决；如果你对双方的观点都不赞同，则你又变成了第三方，而与前面的双方相争，问题仍得不到解决。因此，对于双方的空、有之争，应当站在“非同非异”的立场上加以评说。所谓“非同”，是说就双方执着言辞的方面来看，双方都是不对的，都有偏颇；所谓“非异”，是说就双方观点的实质来说，双方又都是有道理的。由于主张“非异”，所以不损伤双方的真实情意；又由于主张“非同”，所以与真理无违。这样于情于理，都是相应而不违的。由此可见，元晓的“和诤”，是既坚持原则、坚持真理，又对争执双方抱有深切的关爱与理解。读到元晓的这段话，使我们不由得想到庄子。

《庄子·齐物论》曾谈到争论是非的问题，他说：双方争论是非，“其或是也，其或非也邪？其俱是也，其俱非也邪？我与若不能相知也，则人固受其黮暗。吾谁使正之？使同乎若者正之，既与若同矣，恶能正之？使同乎我者正之，既同乎我矣，恶能正之？使异乎我与若者正之，既异乎我与若矣，恶能正之？使同乎我与若者正之，既同乎我与若矣，恶能正之？然则我与若与人，俱不能相知也，而待彼也邪？”这段话的意思是说，辩论不能区分是非，辩论双方不能说明谁是谁非，第三者也不能判断谁是谁非。这段话与上述元晓的那段话相比较，可以看出，元晓显然是吸取了庄子的逻辑思辨形式，但结论却与庄子有所不同。庄子由此得出无是非或“齐是非”的观点，元晓则由此主张承认是非而又要调和是非。

“和诤”的思维方式在中国传统思想中也是有的，例如北宋张载就提出：“有象斯有对，对必反其为。有反斯有仇，仇必和而解。”（《正蒙·太和》）他承认万事万物都有差异，有对立，有矛盾，有斗争，这就是“对”“反”和“仇”，而这种“仇”又是可以“和而解”的，即可以达到一种新的平衡，这可以称为“和仇论”。张载的“和仇论”也有“三观”作基础，其一是“虚空即气”观，“知虚空即气，则有无、隐显、神化、性命通一无二。”（同上）其二是“民胞物与”观，“乾称父，坤称母；予兹藐焉，乃混然中处。故天地之塞，吾其体；天地之帅，吾其性。民吾同胞，物吾与也。”（《正蒙·乾称》）其三是“大心”观，“大其心则能体天下之物。”（《正蒙·大心》）这“三观”与元晓的“三观”虽然哲学基础有别，但在强调包容、平等、人心方面却颇有相似之处，因而“和仇”论与“和诤”论也有共同点。二人一属儒门，一属佛家，但是“殊途而同归，一致而百虑”，表明中朝传统思想的互通互动。

元晓佛学思想的形成，基本上是植根于中国佛教，他所处的时代，汉译佛典差不多都已传到朝鲜半岛。他浩瀚的佛学著作，不管是“宗要”“纲目”，还是“疏”“别记”等，全都是依据中国传到朝鲜半岛的汉译佛典。

元晓一直关注中国佛教的发展，对中国佛教抱着仰慕之情，因而才有赴唐求法之举，虽然未能达到入唐的目的，但并没有影响他对中国佛教的深入研究。对于中国佛教中的各家学说，他起初最信服的可能是唯识宗的理论，所以宋《高僧传》说他因“慕奘三藏慈恩之门”，决意入唐求法。入唐未果，回到鸡林（今韩国庆州）之后，开始对他所能接触到的汉译佛教经典一一作疏，撰写宗要。在他的著作中，对中国佛教的研究成果进行了全面的综合和吸收，纳入到他的理论中去。例如他的《起信论疏》，就是这样。

《大乘起信论》在解释诸法生灭之相时说道：“以体不灭，心得相续，唯痴灭故，心相随灭，非心智灭。”元晓在

“疏”中对此设问：“问：此识自相，为当一向染缘所起，为当亦有不从缘义？若是一向染缘所起，染法尽时自相应灭；如其自相不从染缘故不灭者，则自然有。又若使自相亦灭同断见者，是则自相不灭还同常见。”对这样一个看起来是两难的问题，元晓引别人的观点作答：“答：或有说者，黎耶心体是异熟法，但为业惑之所办生，是故业惑尽时，本识都尽，然于佛果，亦有福慧二行所感大圆镜智相应净识。……或有说者，自相心体，举体为彼无明所起，而是动静令起，非谓办无令有，……无明尽时动相随灭，心随始觉还归本源。或有说者，二师所说，皆有道理，皆依圣典之所说故。初师所说得《瑜伽》意，后师义者得《起信》意。……”这段话中的三个“或有说者”，显然不是指印度的论师，当指中国依于《瑜伽师地论》的法相唯识学派与依于《起信论》的如来藏缘起学说，以及调和二者的学说理论。

元晓的《起信论疏》，对于研究《起信论》的思想有着极为重要的参考价值，而元晓《起信论疏》的完成，离不开对中国佛学研究成果的吸收。别的不说，只就《起信论》的注释而言，在元晓《起信论疏》之前，已有隋净影慧远的《大乘起信论义疏》。从内容上看，元晓参考过慧远的“义疏”，应当是可以肯定的。这里略举几例加以说明。

慧远“义疏”明确提出，马鸣菩萨是“依《楞伽经》造出《起信论》一卷”，并且多处引《楞伽经》经文。元晓“疏”同样广引《楞伽经》经文，印证了慧远的观点。

元晓对《起信论》段落的分析，很可能也参考了慧远的

“义疏”，两人对《起信论》章节次第的解说，有许多相似之处，例如，慧远说：“此《论》中有三段明义：第一致敬三宝；第二‘论曰有法’以下，出其所造；第三后终二偈，总结回向。”元晓则说：“文有三分：初三行偈，归敬述意；‘论曰’以下，正立论体；最后一颂，总结回向。”

在解释《起信论》偈颂中的“法性真如海”之“法性”时，慧远说：“言法性者，此之真有自体名法，恒沙佛法满足义故，非改名性，理体常故。《大智论》云：白石银性，黄石金性，水是湿性，火是热性，一切众生有涅槃性，故言法性。”元晓则说：“言法性者，所谓涅槃，法之本性，故名法性。如《智度论》云：法名涅槃无戏论法，性名本分种，如黄石金性，白石银性，如是一切法中有涅槃性，故言法性。”两人引《大智度论》中的同一段话，来说明“法性”的含义。

慧远在解释《起信论》“有法能起摩诃衍信根”中的“法”时说：“所言法者，自体名法。理不赖他，故言自体。”元晓则在解释《起信论》“所言法者，谓众生心”时说：“‘所言法者，谓众生心’者，自体名法，今大乘中，一切诸法皆无别体，唯用一心为其自体，故言‘法者谓众生心’也。”显然元晓是吸收了慧远对“法”的解释，又把“法”与“众生心”联系起来。

慧远在解释《起信论》中“不觉而起，能见，能现，能取境界，起念相续，故说为意”一段话时说：“依理起迷是根本无明也，无明即心，非有心外异有无明也。‘不觉而起’者，是业相也；言‘能见’者，是转相也；言‘能现’者，犹现相也；‘能取境界’者，是智相也；‘起念相续’者，是续识也。”元晓在解释《起信论》中这同一段话时则说：“‘不觉而起’者，所依心体，由无明熏，举体起动，即是业识也；言‘能见’者，即彼心体转成能见，是为转识；言‘能现’者，即彼心体复成能现，即是现识；‘能取境界’者，是为智识；‘起念相续’者，于所取境起诸粗念，是相续识。”元晓与慧远的解释颇为相似，慧远所说的“业相”“转相”“现相”“智相”，与元晓所说的“业识”“转识”“现识”“智识”，在《起信论》中是同义的。

从以上例证可以看出，元晓“疏”对慧远“义疏”是有所采纳的。当然，元晓“疏”无论在理论的全面和深刻程度上，还是在语言逻辑上，都明显胜过慧远“义疏”，而且在观点上也有不少与慧远“义疏”并不相同。例如，元晓在解释《起信论》中“业识、转识、现识、智识、相续识”这五识中的“现识”（现相）时说：“现相者，犹是上三相（指《起信论》此前所说无明业相、能见相、境界相三种相）中境界相。……”如：“四卷经（指四卷本《楞伽经》）云：‘大慧，略说有三种识，广说有八相。何等为三？为真识、现识及分别事识。譬如明镜持诸色像，现识处现亦复如是。’又此文中说‘现’义云：‘经一切时任运而起常在前故。’当知现识定在第八，其业识等与此作本，其相弥细，如何强将置七识中，其可乎！”其意是说，业识（业相）、转识（转相）、现识（现相）三者，位在第八识，不在第七识。这里值得注意的是最后几句：“当知现识定在第八”，“定在”一词，显然是针对不同观点而强调自己主张的正确性的用语；“其业识等与此作本”，此处不说“业识与转识”，而说“业识等”，把业识突出出来，也是有针对性的；“如何强将置七识中，其可乎”，这清楚地表明，他认为，有人将业识（业相）、现识、（现相）置于第七末那识位，是不可以的，是不正确的。而他所针对的人，正是慧远，因为慧远“义疏”明确地说：“业相现相是第七识”。所以元晓不惜笔墨，大段引述慧远也认为是《起信论》依据的《楞伽经》的经文，用“圣言量”论证慧远观点的错误和自己观点的正确。

不管元晓对慧远“义疏”的内容采纳也好，批评也好。都证明元晓“疏”是受到了慧远“义疏”的重大影响，是对中国佛教研究成果的继承和发展。

中国佛教是儒、释、道三教融合中的佛教，这种儒、释、道融合的特点，也为元晓所继承，明显体现在他的佛学著作中。元晓佛学的核心思想是“和诤”，“和诤”的理论，不仅是对佛教内部的各宗各派，而且也对儒、释、道三教，采取会通和超越的态度。

元晓的求道生涯中，有一个“破戒”事件。对此，佛教界和学界始终褒贬不一，议论纷纷。

《三国遗事》卷四，元晓不羁条记载：

唯乡传所记有一二段异事，师尝一日风颠唱街云“谁许没柯斧，我斫支天柱”。人皆未喻。时太宗闻之曰“此师殆欲得贵妇产贤子之谓，而国有大贤，利莫大焉”。时瑶石宫有寡公主，勅宫吏觅晓引入。宫吏奉勅将求之，已自南山来过蚊川桥，遇之，佯堕水中湿衣袴。吏引师于宫，褫衣晒晾，因留宿焉。公主果有娠，生薛聪。聪生而睿敏，博通经史，新罗十贤中一也。以方音通会华夷方俗物名，训解六经文学。至今海东业明经者，传受不绝。晓既失戒生聪，已后易俗服，自号小姓居士。

元晓这首破戒歌源于儒家“五经”之首的《诗经》。《诗经·豳风·伐柯篇》载：

伐柯如何？匪斧不克。取妻如何？匪媒不得。

《诗经》是把“斧”和“媒”联系到一起，比喻见周公之难，以说明媒介的重要作用。元晓正是借用和引申了“诗”中“斧”与“媒”的喻义，表达破戒的思想。

另外，元晓作为一个思想家，对道家这样一个重要的哲学思想不会熟视无睹。元晓不仅通晓《老子》，而且，在其著述中，随处引用，发挥其思想来解决理论和实践中的问题。元晓《大慧度经宗要》大意文中有这样一段话：

夫波若为至道也，无道非道，无至不至，萧焉无所不寂，泰然无所不荡……是知实相无相故无所不相……实相般若玄之又玄之。贪染痴暗皆是慧明而五眼不能见其照，观照波若损之又损之也。

波若亦叫般若，是知实相的智慧，在元晓看来，“波若是至道，是萧焉无所不寂，泰然无所不荡……玄之又玄之”。而要真正认识它，就必须“损之又损之”。这真是把《老子》中，用语、文体、思想以及认识方法整个拿过来，说明佛教般若智。

他的《起信论别记》宗体文有这样一段话：“佛道之为道也，萧焉空寂，湛而冲玄，玄之又玄之，岂出万象之表，寂之又寂之，犹在百家之谈。非像表也，五眼不能见其躯，在言里也，四辩不能谈其状。欲言大矣，入无内而莫遗，欲言微矣，苞无外而有余。将谓有耶，一如由之而空，将谓无耶，万物用之而生，不知何以言之，强为道。”

道是道家思想的核心概念。宗体文一开头元晓把佛道与道联系到一起，即“佛道之为道”，实际上，这是元晓暗示读者，佛教之道与道家之道并非两回事，而根本上一致。紧接着元晓用了在《老子》中用以说明道之体的“玄之又玄之”来描述佛道之深奥，然后，进一步用“大”与“微”来说明佛道的本质特征。而《老子》也用“大”与“细”说明道的特征，如“天下皆谓我道大似不肖。夫唯大，故似不肖。若肖久矣其细。”《老子》中还有：“天下万物生于有，有生于无”，“道生一，一生二，二生三，三生万物”。而元晓说明的佛道也是“将谓有耶，一如由之而空，将谓无耶，万物用之而生”，也就是说，有生于无，而万物用“无”而生。这两句的用语和内容与道家之道一样皆以“无”为万物之本源，为万物之母。到了概括佛道的时候，元晓索性将《老子》“吾不知其名，字之曰道，强为之名曰大”的句式也借用了过来，说“不知何以言之，强为道”。

元晓不仅非常重视《老子》，而且也非常重视《庄子》。他在《金刚三昧经论》（入实际品）中对“和诤”的思维方式的说明，即有取于《庄子》，已如上述。由上可知，元晓对中国儒学和道家思想的吸收和融会，更加丰富和发展了佛教大乘理论。从中形成和发展起来的和诤思想，为新罗佛教，乃至整个新罗文化注入了生机。为新罗文化的复兴和政治上统一三国打下了坚实的理论基础，为朝鲜半岛文化的健康向前发展提供了思想保证。

元晓生活的新罗时期，时人对元晓的理解是有限的。如开百高座会，就把元晓拒之门外。随着人们对佛教理解的深入，对元晓的态度也随之发生了变化，“丘龙大师”“陈那后身”“万人之敌”等称号随之而来。元晓灭寂百年后，在高仙寺立了《誓幢和上塔碑》（现存残部），碑文中就提到了元晓的代表作之一的《十门和诤论》。

到了高丽时期，元晓思想的影响不断扩大，高丽肃宗六年（1101）八月，国王下诏书，追封元晓为和诤国师。

“诏曰：元晓义湘东方之圣人也。无碑记谥号，厥德不暴。朕甚悼之，其赠元晓大圣和静国师，义湘大圣圆教国师。有司即所住处，立石纪德，以垂无穷”①。

碑文中“静”字乃“诤”之误记。这样，在芬皇寺建有

① 李能和《朝鲜佛教通史》第238页。《高丽史》卷十一。

和诤国师碑。其时，众多寺院供奉元晓真影，甚至出现了叫海东宗的宗派，继承和发扬和诤思想。《三国史记》的作者，高丽时代的金富轼撰有《和诤国师影赞》，诗中道：

恢恢一道，落落其音，机闻自异，大小浅深。如三舟月，如万般风，至人大监，即异而同，瑜伽名相，方广圆融，自我观之，无往不通。百川共海，万象一天，广矣大矣，莫得名焉。①

对元晓思想有着深刻的理解和推崇备至者，首推高丽大觉国师义天。义天编《圆宗文类》残篇第二十二卷“和诤论”一节中说：

人心南北异，佛法古今同，不坏真明俗，还因色辨空，探幽唯罔象，失旨并童蒙，有著斯为诤，妄情自可通。

义天在《祭芬皇寺晓圣文》中对元晓和诤思想给予了高度评价：“海东教主，元晓菩萨……唯我海东菩萨，融明性相，隐括古今，和百家异说之端，得一代至公之论……历览先哲之间，无出圣师之右。”

到了李朝，在“崇儒排佛”的思潮影响下，佛教走入低谷。就是这样的时期，也有人推崇和宣扬元晓思想。生活于

① 《东文选》卷五十。

李朝世宗时期的金时习（1435—1493 年）到了芬皇寺，读了和诤国师碑文后，写下了《无诤碑》一诗：

“新罗异僧元旭氏，剔发行道新罗市，入唐学法返桑梓，混同缁白行闾里。街童巷妇得容易，指云谁家谁氏子，然而密行大无常。骑牛演法解宗旨，诸经疏抄盈中箱，后人见之争仰企，追封国师名无诤，勒彼贞泯颇称美。碣上金屑光燐燐，法画好辞亦可喜，我曹亦是善门徒，其于幻语商略矣。但我好古负手读，吁嗟不见西来土。”①

元晓的佛学思想不仅在韩国有崇高的地位，而且，对中国的佛教思想界也产生了重要的影响。元晓的主要著述，如《十门和诤论》《华严经疏》《金刚三昧经论》《大乘起信论疏》《起信论别记》等等，都传到了中国，正在形成中的唐朝佛教诸宗派不同程度地受到了他的著述的影响。元晓的《大乘起信论疏》传到中国之后，历来受到很高的评价，被誉为“海东疏”。被称为“近代中国佛学复兴之父”的杨仁山居士，十分推崇《大乘起信论》，同时也极重视元晓疏，他把元晓的《起信论疏》与《起信论别记》整理合编在一起，叫作《大乘起信论疏记会本》，加以刊刻发行，广为传播（不过，杨仁山曾说，元晓与义湘可能是同一个人，这则是无根据的猜测）。

受元晓佛学思想影响最大者，要首推华严宗的实际创始人贤首法藏。法藏在元晓的《起信论疏》与《起信论别记》的影响下，撰写了《大乘起信论义记》，并在《义记》中大

---

① 金相铉《历史中读到的元晓》第二八八页。

量引用了“海东疏”的内容。不仅如此，另外，法藏的《华严五教章》中的“断惑义”，是在元晓《二障义》的影响下写成的，而《华严五教章》中的空有论也受了元晓《十门和诤论》的影响，其教判理论则受到元晓《华严经疏》的影响。因此，日本著名的佛学研究者镰田茂雄于1997年在京都举行的中日佛学研讨会上甚至说，没有元晓思想的影响，法藏的华严教学将难以成立。这是有一定道理的。

除法藏外，受元晓影响较大者还有慧苑、澄观、宗密、慧沼、李通玄、湛然等。慧苑、澄观在其著述中引用了元晓的四教判，净法寺慧苑说，华严业的诸学者在疏抄中引证元晓学说时，皆称元晓为“海东”，并且说元晓“身在东夷，然其德盖唐土，可谓不世出之伟人”①。《宋高僧传》清凉寺澄观传说，澄观于“大历中，就瓦棺寺传《起信》《涅槃》，又于淮南法藏，受海东《起信论疏》义”。这说明淮南法藏（从年代来分析，澄观生卒年代为738—839，贤首法藏于712年过世，此处淮南法藏，可能不是贤首大师法藏）曾研习过元晓的《起信论疏》，并又传授给华严宗清凉国师澄观。澄观的弟子圭峰宗密在其《起信论疏注》中，也多引元晓的《起信论疏》。唐代之后，宋代知礼、子璿等人的著作中皆有受元晓思想影响的痕迹。宋代永明延寿是主张佛教诸宗派会通的一位著名学者，他在《万善同归集》中引述了元晓的思想，在《宗镜录》中介绍了元晓的悟道颂，并盛赞其为大彻

① 闵永圭《元晓论》，杂志《思想界》1952年8月号。

大悟者，说元晓“智日月该，识人天贯，正法大全得，真如密洞悉，师乃大彻大悟者”①。

据载，义天把元晓著述赠予辽道宗皇帝，道宗在其《释摩河衍论通玄钞引文》中就引用了元晓的著述。② 还有，元晓的《十门和诤论》《华严宗要》不仅在中国留下了深刻的影响，而且在中国翻译成梵文传到了印度。高仙寺《誓幢和上塔碑》载：“华严宗要……赞叹婆娑，翻成梵语，便附西人，此书言其三藏重宝之由也。”

据13世纪流传于日本的《元晓疏抄》记载：“元晓和尚诤论制作，陈那徒唐土来，取彼论归天竺国。”③

说到元晓佛学思想在中国的影响，还应当特别提到他的《金刚三昧经论》。《金刚三昧经》经名最早出现在梁代僧祐《出三藏记集》的新集安公凉土译经录第三中，录为《金刚三昧经》一卷。此后的诸经录中皆有记载，但都表明阙本。到了中唐《开元释教录》卷四北凉失译部中，载为《金刚三昧经》二卷或一卷。在同记录卷十二的大乘经单译现存录中，记载为“金刚三昧经二卷或一卷，北凉失译拾遗编入”。这说明直到中唐没有人见到过此经。这样，便引发了《金刚三昧经》之“真伪之辩”。

据《宋高僧传》记载：“时国王置百座仁王经大会，遍搜硕德，本州以名望举进之。诸德恶其为人，僭王不纳。居

① 金相铉《元晓名号考》。
② 《大觉国师文集》卷八。
③ 《大日本佛教全书》第九二页、第一〇三页。

无何，王之夫人脑婴痈肿，医工绝验。王及王子臣属祷请山川灵祠，无所不至。有巫觋言曰，苟遣人往他国求药，是疾方瘳。王乃发使泛海入唐，募其医术。溟涨之中，忽见一翁由波涛跃出登舟。邀使人入海，睹宫殿严丽。见龙王，王名钤海。谓使者曰：汝国夫人是青帝第三女也。我宫中先有《金刚三昧经》，乃二觉圆，通示菩萨行也。今托仗夫人之病为增上缘，欲附此经出彼国流布耳。于是将三十来纸重沓散经付授使人。复曰：此经渡海中恐罹魔事。王令持刀裂使人腨肠而内于中，用蜡纸缠縢以药傅之，其腨如故。龙王言，可令大安圣者铨次缀缝，请元晓法师造疏讲释之。夫人疾愈无疑。假使雪山阿伽陀药力亦不过是。龙王送出海面，遂登舟归国。时王闻而欢喜，乃先召大安圣者粘次焉。大安者，不测之人也。形服特异，恒在市廛，击铜钵唱言大安大安之声，故号之也。王命安，安云：但将经来，不愿入王宫阈。安得经，排来成八品皆合佛意。安曰：速将付元晓讲，余人则否。晓受斯经，正在本生湘州也。谓使人曰：此经以本始二觉为宗。为我备角乘，将案几在两角之间，置其笔砚，始终于牛车，造疏成五卷。王请克日于黄龙寺敷演。时有薄徒窃盗新疏。以事白王，延于三日，重录成三卷，号为略疏。洎乎王臣道俗云拥法堂，晓乃宣吐有仪，解纷可则，称扬弹指，声沸于空。晓复昌言曰：昔日采百椽时虽不预会，今朝横一栋处唯我独能。……疏有广略二本，俱行本土，略本流入中华，后有翻经三藏改之为论焉。”

这里值得注意的是，根据《宋高僧传》的记载，元晓的原书名为《金刚三昧经疏》，该书传入中国之后，中国的“翻经三藏改之为‘论’”，可见当时中国佛教界对此书的重视程度。《金刚三昧经论》在中国广为传播，历代有不少学者依此作《金刚三昧经》的注释。元晓的《游心安乐道》等著述时至今日仍在中国的一些佛教寺院中流通。总之，元晓思想是中朝文化交流的结晶，它对中国佛教发展作出了重要的贡献。

《起信论》在中、韩、日佛教中影响巨大，历代对《起信论》的注释书多得无法统计，日本学者望月信亨在其《大乘起信论之研究》一书的“大乘起信论解题”中，列举出了近代以前的中、韩、日三国注释《起信论》的书一百七十六种，可供参考。这样众多的注疏之中，最著名的是隋净影寺慧远《大乘起信论义疏》、新罗元晓《起信论疏》和唐贤首法藏《大乘起信论义记》。这三部注疏时期较早，而且解义颇深，后人称之为“起信论三疏”。另外，元晓还撰有《起信论别记》，是读《大乘起信论》的笔记，自云“直依此《论》文，属当所述经本，略举纲领，为自而记耳，不敢望宣通世”。另有署名法藏撰的《大乘起信论义记别记》，但多疑其为伪作。关于慧远的《起信论义疏》，学界也有其伪作之争，但从其内容来看，与慧远《大乘义章》是大体一致的，可以认为是慧远所作。“元晓疏”晚于“慧远疏”，并且“元晓疏”参考了“慧远疏”，已如前所述，应当是没有疑问的。那么，“元晓疏”与“法藏疏”是何关系，则是这里所要论述的问题。

如果将《元晓疏》和《法藏疏》放在一起比较的话，其中语句，段落的相互雷同、类似之处十分明显。可以推知二者之中必有一人是在参考另一人的注疏之后，再作已论的。

而我们通过历史考据，不难发现元晓之疏早于法藏之疏。义天所编撰之《圆宗文类》中收录了法藏写给新罗华严宗创始者义湘的一封书信，这是法藏在新罗僧人胜诠归国之时委托他带给义湘的。信中说“一从分别二十余年”，这说明，此时距义湘归国已有二十多年了。据考，义湘于 671 年回国，那这封信应该是 691 年后才写的。信尾所附的法藏送给义湘的书目，按信中所言可知，这些著作是法藏于义湘归国后完成的。其中就记有“起信论疏两卷”的语句，这里的“起信论疏”，当指法藏的《起信论义记》。此外据《三国遗事》所载，胜诠是于新罗孝昭王元年（692 年）回国的。通过上述史料，我们可以作出以下判断：贤首疏是著于 671 年至 692 年之间，并于 692 年胜诠归国时转交给义湘，首次传入新罗。此时，元晓已然过世。所以，元晓定然没有读过法藏之疏，那么合理的判断就是：法藏参考了元晓疏后，才开始撰述自己的《起信论义记》。

从元晓与义湘的交往来看，在义湘入唐之前，二人的私交很好，才可能结伴入唐。而且元晓对义湘而言，从某种意义上来说，也是近似于良师益友，这种近乎师徒之关系，不得不让我们对从元晓到义湘再到法藏的这样交往作一个推测。当时唐朝与新罗之间的文化交流，尤其是佛教上的往来十分频繁。像胜诠一样的新罗留学僧，大量入唐求法，两国虽遥距万里，其间的书信往来也并非不可能。无论是义湘在唐时，元晓将自己所著论疏寄给义湘，或托留唐学僧带给义湘，再由义湘转给法藏读，还是义湘回国之后，将晓师注疏直接寄给法藏，这都并非没有可能。

二疏都大量引用大乘佛教诸经纶，对《起信论》的思想及语句进行体系化的注疏。其中对“一心开二门”的核心思想、本觉思想、清净如来藏等都作了全面的解释，对中国、朝鲜两国佛教史上的华严、天台、禅宗等流派都给予了深远之影响。从具体的内容来看，《法藏疏》大量吸收《元晓疏》之成果，许多段落甚至是原封不动地采用《元晓疏》的语句。下面我们就通过具体的例证来说明此点。

**1. 关于“大乘”的解释**

《元晓疏》中云：“言大乘者，大是当法为名，广苞为义，乘是寄喻之称，运载之功。”

《法藏疏》云：“大者当体为目，包含为义。乘者就喻为称，运载为功。”

二者的解释在语句上类似，意义也是相同的。仅有的不同只是法藏改元晓所说“当法为名”为“当体为目”，此处“法”与“体”实为“法体”，“名”与“目”实为“名目”，实质上是同一的。

元晓随后引用《虚空藏经》《对法论》和《显扬论》来解释其“大乘”之义。法藏虽然没有引用《虚空藏经》，却对元晓所引《对法论》“七大性”之处，作了原封不动地引用。

《元晓疏》云："先依'经'说，后依'论'明。依'经'说者，如《虚空藏经》言：大乘者，……。依'论'明者，有七有三，三种大义，下文当说，言七种者，有二种七，一者如《对法论》云，由与七种大性相应，故名大乘。何等为七？一境大性，以菩萨道缘百千等无量诸经广大教法为境界故。二行大性，正行一切自利利他广大行故。三智大性，了知广大补特伽罗法无我故。四精进大性，于三大劫阿僧祇耶方便勤修无量难行行故。五方便善巧大性，不住生死及涅槃故。六证得大性，得如来诸力无畏不共佛法等无量无数大功德故。七业大性，穷生死际示现一切成菩提等，建立广大诸佛事故（此中前五是因，后二是果）。

二者《显扬论》云，大乘性者……瑜伽、地持皆同此说……"

而《法藏疏》云："又大者就义，谓体相用三大莫过。乘者约用。谓即佛性三位成运。……

又依《杂集论》，由与七种大性相应，故名大乘。一境大性，以菩萨道缘百千等无量诸经广大教法为境界故。二行大性，正行一切自利利他广大行故。三智大性，了知广大补特伽罗法无我故。四精进大性，于三大劫阿僧祇耶方便勤修无量难行行故。五方便善巧大性，不住生死及涅槃故。六证得大性，得如来诸力无畏不共佛法等无量无数大功德故。七业大性，穷生死际示现一切成菩提等，建立广大诸佛事故。解云，前五约因，后二就果。瑜伽、显扬亦同此说……"

可以很明显地看出这两段文句的相似之处，唯一不同的是，元晓云“如对法论”，而法藏云“依杂集论”。

**2. 关于“起信”的解释**

元晓在解释“起信”时云：

信以决定谓尔之辞，所谓信理实有，信修可得，信修得时有无穷德。

还说：

如经偈云，信为道元功德母，增长一切诸善根，除灭一切诸疑惑，示现开发无上道。信能超出众魔界，示现无上解脱道。一切功德不坏种，出生无上菩提树。

法藏则在疏中明确点出元晓所依论书：

依梁摄论亦有三种，一信实有，自性住佛性。二信可得，引出佛性故。三信无穷功德，至得果佛性。

也说明元晓所依的经文即是《华严经》：“又《华严》云，信为道元功德母等……”

并且他还引用唯识论云：“唯识论中，信别有三：一信实有，谓于诸法实事理中深信忍故。二信有德，谓于三宝真净德中深信乐故。三信有能，谓于一切世出世善，深信有多力能得能成，起希望故。”

**3. 解释“四相”的角度**

《起信论》中论述阿梨耶识的二种含义即觉与不觉之意时，谈到凡夫，二乘，初发意菩萨，法身菩萨，尽菩萨地之人由不觉向觉转化的过程中，对生、住、异、灭四相的逐步断灭。对此四相，二师所释的角度几乎是完全一致的。

《元晓疏》云：

> 约于四相以别四位，四位之中各有四义。一能觉人，二能觉相，三觉利益，四觉分齐。

法藏则解释道：

> 约寄四相，以别四位，四位之中，各有四义。一能观人，二所观相，三观利益，四观分齐。

其中除了将《元晓疏》中的“觉”字以“观”字代替以外，几乎字字相同。

**4. 对“止观”的解释**

《起信论》在第四修行信心分中论及修行止观门时，有关于修止的方法。在此，元晓吸收天台止观学的观点作了解释。

“初中言‘住静处’者，是明缘具，具而言之，必具五缘：一者闲居静处，谓住山林。若住聚落，必有喧动故。二者持戒清净，谓离业障，若不净者，必须忏悔故。三者衣食具足，四者得善知识，五者息诸缘务。今略举初，故言静处。言端坐者，是明调身，言正意者，是显调心。云何调身，委悉而言，前安坐处，每令安稳，久久无妨。次当正脚，若半跏坐，以左脚置右髀上，牵来近身。令左脚指，与右髀齐。若欲全跏，即改上右脚必置左髀上，次左脚置右髀上，次解宽衣带，不坐时落，次当安手，以左手掌置右手上，累手相对，顿置左脚上，牵来近身，当心而安。次当正身，前当摇动其身，并诸支节，依七八反，如自按摩法，勿令手足差异，正身端直，令肩骨相对，勿曲无耸。次正头颈，令鼻与脐相对，不偏不邪，不仰不卑，平面正住，今总略说，故言端坐。”

而法藏在《义记》中，几乎一模一样地引用了这段解释：

> 前中言“住静处”者，是修止缘当也，具言之有五缘：一者闲居静处，谓住山林及诸闲静等处。若住聚落，必有喧动也。二者持戒清净，谓离业障，若不净者，必须忏悔。三者衣食具足，四者得善知识，五者息诸缘务。今略举初，故言静处。言端坐者，是调其身，言正意者，调其心。调身者，先安坐静处，每令安稳，久久无妨。次当正脚，或全跏或半跏，若全跏者，即以右脚置左髀上，牵来近身，令脚指与髀齐。次解缓衣带使周正，不令坐时脱落。次以左手置右掌上，累手相对，顿置脚上，牵来近身，当心而安。次当正身，先

挺动其身，开诸支节，作七八反，如自按摩法，亦勿令手足差异，正身端直，令脊骨相对，勿曲无耸。次正头颈，令鼻与脐相对不偏不邪，不仰不卑，平面正住，次以舌约上腭，次闭眼不令全合。广如天台大禅师二卷止观中说也。今总略说，故言端坐也。”

从这个例证中又一次看出。二疏在字句上的雷同是多么明显。所唯一不同之处在于法藏明点出这种方法的出处，是来自天台智者大师的。与《元晓疏》对比来看，法藏在“疏”中总是能添上元晓所未提的经论名称或思想来源。

综上所述。如果通读二疏，二疏的类似或相同举不胜举，时常可以辨出大段的话是雷同的，这不仅仅是指语句，更表明法藏对元晓思想在一定程度上的认同与接受。《法藏疏》与《元晓疏》在文句的雷同之外，有多处法藏是在基本同意元晓解释的基础上，再对《元晓疏》中的思想进行一种选择，或是补充说明，还有多处是适当加入自己的观点，从而进一步发展和完善《元晓疏》中言而未尽之思想，表现出同中的微妙差别。

但是，《法藏疏》与《元晓疏》还是有诸多相异点，其相异点最突出的有三个方面：

其一，《元晓疏》以“和诤”理论为前提，《法藏疏》则明确执持华严立场。例如，《起信论》的“因缘分”中说：“所谓如来在世，众生利根，能说之人，色心业胜，圆音一演，异类等解，则不须论。”元晓对其中的“圆音”，作了极为详细的分析与说明，他引述了三家的观点，并以其“和诤”的独特思维方式，表示此三家观点并非对立，只是略有差别，只是角度不同。其“疏”云：“此言圆音，即是一音，一音圆音，其义云何？昔来诸师说者不同。有师说云：诸佛唯是第一义身，永绝万像，无形无声，直随机现无量色声，……。或有说者，就佛言之，实有色声，其音圆满，无所不遍，都无宫商之异，何有平上之殊，无异曲故名为一音，无不遍故说为圆音，但由是圆音作增上缘，随根差别现众多声，……。或有说者，如来实有众多音声，一切众生所有言音，莫非如来法轮声摄，但此佛音无障无碍。一切即一，一即一切。一切即一，故名一音，一即一切，故名圆音。如《华严经》言，一切众生语言法，一言演说尽无余，悉欲解了净密音，菩萨因是初发心故。”“又此佛音不可思议，不但一音言即一切音，亦于诸法无不等遍，今且略举六双，显其等遍之相。……此义如《华严经》三种无碍中说。随一一声等此六双，而其音韵恒不杂乱。若音于此六双有所不遍，则音非圆，若由等遍失其音曲，则圆非音。然今不坏曲而等遍，不动遍而差韵，由是道理，方成圆音。此非心识思量所测，以是法身自在义故。”

法藏在疏中，则直截了当地采用华严之教来解释：

初如来一音说一切法，无不显了，故名圆音。《华严》云：如来于一语言中演说无边契经海。二如来同一切音，故云圆音。《华严》云：一切众生语言法，一言演说尽无余。

以一切音即一音故云一音，一音即一切音故云圆音。一一语言遍穷众生界，而其音韵不杂乱。若音不遍则音非圆。若由等遍失其韵曲，则是圆非音。今不坏曲而等遍，不动遍而善韵，此是如来圆音，非是心识思量境界耳。

事实上，这里已经可以看出，在引用经典以及解释的角度上二者的不同。法藏之所以只说《华严》之说，是因为他认为只有这种解释才合理，而不必援引其他宗派的解释，明确以华严思想为殊胜。

其二，《元晓疏》注重和会唯识学，《法藏疏》则有意排除唯识理论。

元晓的疏尽管对诸经论及各家各派学说明显采取融会的态度，但最显著的倾向是唯识和《起信》的和会。这可以找出许多例证，而且他的和会思想时常是以问答形式表现的，下面试举一二例来说明。

《起信论》在论述到三种相应染和三种不相应染时，开始解释相应义与不相应义："言相应者，谓心念法异，依染净差别，而知相缘相同故。不相应义者，谓即心不觉，常无别异，不同知相缘相故。"

所谓"相应"，是指心与心法虽有不同，他们在染或净的程度上也有区别，但形成的能知之心与所缘之境是一致的。而"不相应"，是指无明动心就是阿梨耶识本心不觉之相，无心与心法的对待和差别，认识的能知方面与其对象之间，尚未形成统一相应的关系。

这与唯识宗所说，心与心法虽同所缘，却有不同行相，似相违背。对此，元晓以自问自答方式来回答："问：《瑜伽论》说，诸心心法，同一所缘，不同一行相，一时俱有，一一而转。今此中说知相亦同，如是相违，云何和会？答：二义俱有，故不相违。何者？如我见是见性之行，其我爱者爱性之行。如是行别，名不同一行，而见、爱等皆作我解，依如是义名知相同，是故二说不相违也。"

他以"我"作为能知之心统摄见、爱等义，和会不同行相却同知相之说。

接着的问题是唯识宗认为阿梨耶识中，心王与心数相应，而《起信论》却说为不相应。同样，元晓再次自问自答："问：《瑜伽论》说，阿梨耶识，王数相应，缘二种境，即此论中现色不相应染，何故此中说不相应？答：此论之意，约烦恼数差别转义，说名相应，现识之中，无烦恼数，依是义故，名不相应。彼新论（指玄奘译的《瑜伽师地论》）意，约遍行数故说相应。由是道理亦不相违也。"

元晓认为，二说无违，只是角度不同。《起信论》是从有无烦恼染相的角度，有烦恼染相而说相应义，那么现识之中尚无烦恼染相生出，故名不相应。而玄奘的《瑜伽师地论》则是通过总体上来分析心王心法攀缘诸法之义而说相应，是指烦恼现行。所以二说并不矛盾。

另一个典型例子在熏习说中，《起信论》云："熏习义者，如世间衣服，实无于香，若人以香而熏习故，则有香气。此亦如是，真如净法，实无于染，但以无明而熏习故，则有染相。无明染法，实无净业，但以真如而熏习故，则有净用。”

所谓熏习之意，犹如世间的衣服，本来没有什么香气，如果人们以香不断熏之，就会留下香气。法的熏习也是如此，真如清净之法，本性是没有任何杂染的，只是由于无明熏习，则产生各种杂染的相状。无明杂染之法，本来没有清净的善业，只是由于真如不断内熏，则会产生清净的作用。

唯识宗的一个基本观点是，要具坚住性，可受熏性，无记性，与能熏共和合性此四性，才可受熏，所以，常法不受熏习，而《起信论》明言真如净法与无明染法互熏，这种矛盾该如何调和呢?

元晓还是自问自答道：“问：《摄大乘》说，要具四义，方得受熏，故言常法不能受熏。何故此中说熏真如?解云：熏习之义有其二种。彼论且约可思议熏，故说常法不受熏也。此论明其不可思议熏，故说无明熏真如，真如熏无明。显意不同，故不相违。”

他以区别可思议熏和不可思议熏两种熏习，来调和《起信论》与唯识宗在熏习说上的差别，与玄奘所传法相教学相和会。从中也能看出元晓当年志往唐求学玄奘的影子。同时，“可思议熏”与“不可思议熏”的说法，也是有经典依据的，即《楞伽经》中就有此说。

除此之外，元晓在科判中也采取了唯识教学。

《起信论》解释分中释心真如道：“心真如者，即是一法界大总相法门体。所谓心性不生不灭，一切诸法唯依妄念而有差别，若离心念，则无一切境界之相。”

根据元晓所分，第一句为略标，第二句为广释中之第一部分“显真如体”。这一部分再分有三：“一者当真实性以显真如，二者对分别性而明真如绝相，三者就依他性以显真如离言。”

在科判中导入唯识之三性说，这在其他注释者中是没有的，而为元晓之特色，由此也可窥见他一直在努力融会唯识与《起信》。

元晓意图论证《起信论》与唯识学的无矛盾性，以此实证和会一心的精神。其结果是，在一定程度上不必要地在《起信论》的注释中导入唯识教理。法藏所站的立场则是，将元晓导入的唯识教学细心地排除，试图论证《起信论》是以如来藏缘起为宗旨，而并非法相唯识宗所属，所以上述元晓会通唯识的内容，法藏都无采纳。

其三，对“根机”问题看法不同。《元晓疏》在开篇“标宗体”文中谈到马鸣作《起信论》的目的时说：“马鸣菩萨，无缘大悲，伤彼无明妄风动心海而易漂，愍此本觉真性，睡长梦而难悟，于是同体智力堪造此论，赞述如来深经奥义，欲使为学者暂开一轴，遍探三藏之旨，为道者永息万境，遂还一心之源。”

字句之间，充满的是一种平等立场上的关爱，而未专指为根劣之人而作。

但《法藏疏》中则不然：“爰有大士，厥号马鸣，慨此颓纲，悼斯沦溺，将欲启深经之妙旨，再曜昏衢，斥邪见之颠眸，令归正趣。使还源者可返本非遥。造广论于当时，遐益群品，即文多义邈，非浅识所窥。”

先言有广论，行文庞多，不为根劣者所悟解。又云：“又造斯论，可谓义丰文约，解行俱兼，中下之流，因兹悟入者矣。”

其中很明确地提出此论为“中下之流”而作。

进一步在解释本论时，我们也可以看出二师在根机问题上的差异。

《起信论》云：“众生根行不等，受解缘别，所谓如来在世，众生利根。能说之人色心业胜，圆音一演，异类等解，则不须论。”

元晓解释道：“虽是利根而不忍繁，此人唯依文约义丰之论，深解佛经所说之旨。”明点此论为“利根”所作。

而法藏解云：“此文有二，初辩根劣，二如是此论下对此劣根，明教之兴。”在此句之前，尚与《元晓疏》字句不差的《法藏疏》，笔锋一转，称此论之对象为“劣根”。由此看来，这是法藏有意之改动，表明他在根机问题上坚决的区分态度。

从二师的思想来看，二人都持“众生皆有佛性”之观点，那为何在此又有“利根”“劣根”之异呢？这一点或许要联系到二人对《起信论》的态度来谈。元晓是将《起信论》视为“诸论之祖宗，群诤之评主”的最高位。而法藏的五教十宗教判说中，《起信论》只是第三位大乘终教，第八真德不空宗之代表作。正是为此，他并不认为《起信论》是为利根之人所作。还有一点可以看出的是，元晓对根机利钝问题并不重视，只略略谈及，也正是他和诤、无差别思想的体现。法藏三番五次反复强调根机，这与其教判观是紧密联系的。为了创建华严宗，作为创始人的法藏，必须为《华严经》，为自己的宗派确立在整个佛教中的最高地位。只有《华严经》类经论才是为利根所作，而其他经论只是方便，为钝根之人而作。这样也就能够理解法藏这种佛性皆有，根机不同的思想。

通过以上对《起信论》元晓疏与法藏疏的比较分析，可以清楚地看到，尽管法藏并未完全接受元晓的思想，但法藏受元晓的影响是非常巨大的，这是中国佛教传到朝鲜半岛之后，朝鲜半岛佛教又反过来促进中国佛教发展的一个最典型的事例。

中朝日佛教在历史上是相通的，朝鲜半岛佛教常常起到中国佛教东传日本的桥梁作用，朝鲜半岛是中朝日思想交流、文化交流的一条黄金通道。8 世纪初，元晓的大部分著述已传到了日本。据统计，日本奈良时代流传的元晓著述多达四十七种。审祥（? —742 年）的《经疏录》中就收录有三十二种。日本佛教史上著名的学者善珠（723—797 年）、愿晓（628—708 年）、常腾（740—815 年）、寿灵（757—791 年）、藏俊（1104—1140 年）、凝然（1240—1321 年）、良忠（1199—1287 年）、了慧（1203—1290 年）等的著述中皆可以发现受元晓思想影响的痕迹。据金相铉博士《元晓名号考》的考证，日本佛教著述中，仅对元晓的尊称名号就有多种，如丘龙大师、海东法师、元晓菩萨、元晓圣师、陈那菩萨后身等。称元晓为丘龙是把元晓比作飞龙化身，潜居青丘。时人称元晓为丘龙，法藏为香象，二人并称为龙象硕德。对此，8 世纪中叶，新罗的见登和日本的智憬都有记载。

据《三国史记》薛聪传载，元晓的玄孙薛仲业作为新罗使臣一员，于惠恭王十五年（779）访问日本时，日本的上宰得知薛仲业为元晓玄孙，感慨万分，写下了赞颂元晓的诗文。

“世传日本真人赠新罗使薛判，诗序云：尝览元晓居士所著《金刚三昧论》，深恨不见其人，闻新罗国使薛郎，居士之抱孙，不见其祖而喜遇其孙，乃作诗赠云。”然其诗已失传。《续日本书记》中也记载有相同的内容。由此可以看出《金刚三昧经论》在日本的影响。

明慧（1173—1232 年）和凝然是日本镰仓时期华严宗的代表人物，凝然主要致力于教学的研究，明慧则热衷于宗教实践。明慧在京都创建了高山寺。他在该寺讲授元晓的《菩萨戒本持犯要记》，并依托著名画家成忍，创作了叫《华严缘起》（六卷）的画卷。该画卷的主人公是元晓、义湘和善妙，现作为日本的国宝收藏。凝然是日本佛教史上的大撰述家。据传其著作有一百二十五部一千二百余卷。在其编撰的《华严经论藏疏目录》中收录有元晓的著述二十七部四十六卷。凝然在其著述中引用了元晓的十多部著述。

到了近代，日本著名佛教思想家村上专精（1851—1929 年）专门从事佛教会通的理论和实践。他著有《佛教统一论》《佛教唯心论》等著作。他在《佛教统一论》中试图会通佛教不同思想，在《佛教唯心论》中进一步提倡超越不同宗派的偏见，复兴和建立新的佛教。村上专精熟知元晓的思想，并特别推崇元晓的《大乘起信论疏》。在其著作中多次引用该疏的内容。村上的会通佛教思想，后来为宫本正尊所继承。宫本正尊不仅是一位佛教思想家，同时也是宗教实践家。他在日本掀起了佛教统一运动。

总之，元晓思想是超越时代、超越民族的具有普遍意义的存在，它为东亚三国文化交流，特别是佛教文化的传播和发展作出了重要的贡献。

## 第三节 新罗名僧义湘

元晓之外，当时新罗的著名僧人还有义湘。义湘（624—702 年）俗姓金（一说姓朴），新罗鸡林府（今庆尚北道庆州）人，生于贵族家庭，弱冠出家，住皇福寺，曾与元晓一起入唐未果。后来他又在文武王元年（661 年）入唐，在终南山至相寺从智俨学《华严》，与华严宗三祖贤首法藏同学。对义湘入唐时间与经过，《宋高僧传》与《三国遗事》等文献中记述不一。崔致远所撰《海东浮石尊者义湘讳日之文》中说，义湘“大德，高挺岳灵，深涵海量。童年慕道，壮志辞家。——始以教分顿渐，义有浅深。每磋四邻之遐陬，未达一乘之奥典。——遂决入秦之计。时也，涉戎貊寇，烽举柝惊。言指道涂，动多榛梗。然而既切为山之志，独怀背水之心，不惮艰危，远涉虎狼之国，能逃灾害，岂凭羊鹿之车。

直泛重溟，高登彼岸，于龙朔二载（唐高宗壬戌年）诣终南山至相寺，以俨和尚为严师，以藏和尚为益友”（见李能和《朝鲜佛教通史》下）。这是最早的文献记载，应该是比较可靠的。当然，其中语焉不详之处，尚须参照其他文献。义湘在新罗文武王十一年（671 年）归国。他回国后奉旨于太伯山（今庆尚北道荣州）建浮石寺，演说华严宗教义，创立了海东华严宗。其著有《华严一乘法界图》《华严经略疏》等。后来到高丽王朝时，肃宗谥之为“圆教大师”。

义湘回到新罗后，仍与法藏有书信来往。新罗僧胜诠回国时，法藏托其带书信及《华严经探玄记》《一乘教分记》《起信论义记》《十二门论疏》等给义湘。信中说：“西京崇福寺僧法藏，致书于海东新罗大华严法师侍者。一从分别，二十余年，倾望之诚，岂离心首。加以烟云万里，海陆千重，恨此一生不复再面，抱恨怀恋，夫何可言。盖由宿世同因，今生同业，得于此报，俱沐大经。特蒙先师授兹奥典，仰承上人归乡之后，开阐《华严》，宣扬法界无碍缘起，重重帝网，新新佛国，利益弘广，喜跃增深。是知如来灭后，光辉佛日，再转法轮，令法久住者，其惟法师矣。法藏进趣无成，周旋寡沉，仰念兹典，愧荷先师，随分受持，不能舍离，希凭此业，用结来因。但以和尚章疏义丰文简，致令后人多难趣入，是以具录和尚微言妙旨，勒成《义记》，谨因胜诠法师抄写还乡传之彼土，请上人详捡臧否，幸示箴诲。伏愿当当来世，舍身受身，同于卢舍那会听受如此无尽妙法，修行如此无尽普贤愿行。傥余恶业，一朝颠坠，伏希上人不遗宿昔，在诸趣中，示以正道。人信之次，时访存没。不具。法藏和南。正月二十八日。”这封信的末尾又说：“《华严探玄记》二十卷，两卷未成。《一乘教分记》三卷，《玄义章》等杂义一卷，别翻《华严经》中梵语一卷，《起信疏》两卷，《十二门论疏》一卷，新翻《法界无差别论疏》一卷。已上并因胜诠法师抄写将归。今月二十三日，新罗僧孝忠师遗金九分，云是上人所寄，虽不得书，顶荷无尽。今附西国君持澡罐一口，用表微诚，幸请捡。谨宣。”这封信充分表明，法藏与义湘结下了深厚的友谊，义湘回国后，两人互相思念，义湘先派弟子胜诠到法藏处求法，后又托孝忠赠金，法藏则通过此信，表达对义湘的敬重与思念之情。另外，值得注意的是，法藏的著述是在刚完成不久即由胜诠带给了义湘，这对促进新罗华严学的发展有非常重要的意义。义湘得到法藏的疏记等文稿后，即掩室探讨，“如耳聆俨训”，数日方出，命弟子们励志讲习，广演斯文（见《三国遗事》卷四“胜诠”条），并且说：“博我者藏公，起予者尔辈。”①

义湘颇得文武王敬重。据《三国遗事》卷二记载，文武王统一新罗后，曾想大兴土木，重修庆州京城，义湘谏阻说：“政教明，则虽草丘画地而为界，民不敢逾，可以却灾进福。政教苟不明，则虽有长城，灾害未消。”文武王听从了他的劝告，中止修城，此事传为美谈。《宋高僧传》“唐新罗国义湘传”说：“湘入国之后，遍历山川，于驹丽、百济风马牛不

① 《宋高僧传》，崔致远《法藏和尚传》。

相及地，曰：‘此中地灵山秀，真转法轮之所。’无何，权宗异部聚徒可半千众矣。湘默作是念：大《华严》教，非福善之地不可兴焉。……湘遂入寺中，敷阐斯经，冬阳夏阴，不召自至者多矣。国王钦重，以田庄奴仆施之。湘言于王曰：‘我法平等，高下共均，贵贱同揆。《涅槃经》八不净财，何庄田之有，何奴仆之为？贫道以法界为家，以盂耕待稔，法身慧命籍此而生矣。’湘讲树开花，谈丛结果，登堂睹奥者则智通、表训、梵体、道身等数人，皆啄巨谷飞出迦留罗鸟焉。湘贵如说行，讲宣之外，精勤修练，庄严刹海，靡惮暄凉。又常行义净洗秽法，不用巾帨，立期干燥而止。持三法衣瓶钵之余，曾无他物。凡弟子请益，不敢造次，伺其怡寂而后启发。湘乃随疑解滞，必无滓核。自是已来，云游不定，称可我心，卓锡而居，学侣蜂屯。”这里没有说明义湘在何时何地何寺传法。《三国遗事》“义湘传教”条说：“仪凤元年（676年）湘归太白山，奉朝旨创浮石寺，敷敞大乘，灵感颇著。”这可以看作是对《宋高僧传》的补充。

义湘的理论，主要是阐发和宣传华严宗的理事说，使华严宗在新罗时期产生了相当广泛的影响。他的《华严一乘法界图》，是以三十句七言诗组成棋盘状的图形，咏诵《华严经》和《十地经论》的圆教要旨，并附有解说。其解说的开头说：“夫大圣善教无方，应机随病非一，迷者守迹不知失体，勤而归宗末日（“末日”二字疑有误），故依理据教，略制盘诗，冀以执名之徒，还归无名真源。”

他首先从六相关系的角度解释《法界图》中的图印，他说："今且约印像以明六相，示一乘三乘主伴相成，现法分齐。所谓六相者，总相、别相、同相、异相、成相、坏相。——所谓总相者义当圆教，别相者义当三乘教。如总相、别相、成相、坏相等，不即不离，不一不异，常在中道。一乘三乘亦复如是，主伴相资，不即不离，不一不异虽利益众生而唯在中道，主伴相成，显法如是。一乘别教，三乘别教，准义可解。"

由此六相义，他对《华严经》的结构和思想加以归纳说："问：六相者为显何义？答：显缘起无分别理故。以此六相义故，当知虽一部经七处八会及品类不同，而唯在地品。所以者何？是根本摄法尽故。地品中虽十地不同，而唯在初地。何以故？不起一地，普摄一切诸地功德故。一地中虽多分不同，而唯在一念。何以故？三世九世即一念故，一切即一故，如一念、多念亦如是，一即一切，一念即多念等，反前即是。"这是说，《华严》一部经的重点在其"十地品"，"十地品"的重点在初地，而初地的根本思想在"一念"。一念即多念，一即一切，一切即一。他又进一步说："以此理故，陀罗尼法，主伴相成，随举一法，尽摄一切。若约会说，会会中尽摄一切；若约品说，品品尽摄一切。乃至若约文说，文文句句尽摄一切。何以故？若无此，彼不成故，陀罗尼法法如是故。"这是说，所谓重点，是相对而言，其实一地、一品、一字一句皆包摄所有地、所有品、所有文字、所有内容。

接着，他对七言三十句诗的文意进行解释。他说："此中大分有三：初十八句约自利行，次四句利他行，次八句辨修行者方便及得利益。其七言诗的前十八句是："法性圆融无二相，诸法不动本来寂，无名无相绝一切，证智所知非余境。真性甚深极微妙，不守自性随缘成。一中一切多中一，一即一切多即一。一微尘中含十方，一切尘中亦如是。无量远劫即一念，一念即是无量劫，九世十世互相即，仍不杂乱隔别成。初发心时便正觉，生死涅槃常共和。理事冥然无分别，十佛普贤大小境。"这十八句，前四句"现示证分"，后十四句"显缘起分"。

紧接其后，显示利他行的四句是："能入海印三昧中，繁出如意不思议，雨宝益生满虚空，众生随器得利益。"义湘对此解释说："'印'者约喻得名。何者？是大海极深，明净彻底，天帝共阿修罗斗争时，一切兵众，一切兵具，于中显现，了了分明，如印显文字，故名'海印'。能入三昧亦复如是，穷证法性，无有源底，以究竟清净，湛然明白，三种世间于中显现，名曰海印。'繁'者炽盛义故，'出'者涌出无尽故，'如意'从喻得名，如意宝王无心而雨宝益生，随缘无穷，释迦如来善巧方便亦复如是，一音所畅，应众生界，灭恶生善，利益众生，随何用处，无不如意，故名如意。"

最后辨修行者方便及得利益的八句是："是故行者还本际，叵息妄想必不得，无缘善巧捉如意，归家随分得资粮，以陀罗尼无尽宝，庄严法界实宝殿，穷坐实际中道床，旧来不动名为佛。"义湘解释说："此中有二：一明修行方便，二辨得利益。""方便者，约智语。何以故？进趣不住，名曰方便，不回心者，不名方便故。亦可约圣者意说，何以故？以善方便接引众生故，如五乘说人法因果解理事教义等一切诸法，准例如是。”“二明得益，谓陀罗尼者，总持故，如下数十钱法中说。”“所谓一钱乃至十钱，所以说十者，欲显无量故。……一一钱中，具足十门，如本末两钱中具足十门，余八钱中，准例可解。”这样，义湘通过《华严一乘法界图》及其解说，高度概括并发挥了华严宗的思想，对促进华严教学的发展起了重要的作用。

《三国遗事》“义湘传教”条说，义湘门下有十大德，各通一乘之义。他们是：悟真、智通、表训、真定、真藏、道融、良圆、相源、能仁、义寂。另外，据崔致远撰《法藏和尚传》夹注说：“海东华严，大学之所，有十山焉。中岳公山善理寺南岳智异山华严寺，北岳浮石寺，康川（今陕州）伽耶山海印寺、普光寺，熊州（今公州）迦耶峡普愿寺，鸡龙山岬寺。《括地志》所云，鸡蓝山是朔州（今春川）华山寺，良州（今梁山）金井山梵语（鱼）寺，毗瑟山玉泉寺，全州母山国神寺。更有汉州（今广州）负儿山（三角山）青潭寺。此十所。”

当时，还有一位高僧圆测（613—696 年），俗姓金，名文雅，新罗王族出身。十五岁入唐求法，在长安从法常、僧辩学佛教经论，后来又从玄奘学《瑜伽师地论》《成唯识论》等，与玄奘弟子窥基并为唯识学高僧。唐太宗敕命为西明寺大德。武后掌政初期，选入译经馆为证义。其所著《唯识疏抄》风行天下，为中国佛教做出了杰出的贡献。

## 第四节　新罗禅门九山

在统一新罗的佛教中，一种有生气的教派是禅佛教。禅宗在统一新罗的初期就由法朗带到了新罗，那是达摩禅南北分派以前第四祖道信所行的禅。真德王时代，法朗入唐学禅，师事中国禅宗四祖道信，并得其心要，归国后他又传给神行（或云信行）。神行后来也曾入唐，师事普寂（中国禅宗北宗之祖神秀的高弟，大照禅师）的门人志空，回新罗后传北宗禅；三传而形成新罗禅宗曦阳山一派；这是禅门九山之一。

禅法在新罗真正流行是在 9 世纪以后。在 9 世纪时期，新罗僧人道义和洪陟留唐学法，跟随南岳怀让之下马祖道一的高弟西堂智藏学禅，并得其心要。他们二人分别于 821 年和 826 年回国，开始传南宗禅，创立迦智山和实相山派，新罗禅宗自此趋于兴盛，新罗佛教于是分成禅宗、教宗两大系统，并且禅宗努力逐渐压倒教宗而占据支配地位，分成了九山。禅门九山除曦阳山派属于中国的北宗禅系统之外，其他都是中国的南宗禅系统。而在南宗禅系统之中，除须弥山派是传曹洞宗外，其他都是马祖系统的禅法。

禅门九山有迦智山派、实相山派、桐里山派、凤林山派、师子山派、圣住山派、阇崛山派、曦阳山派，须弥山派。

迦智山派的创始人是道义，俗姓王，北汉郡人，法号明寂。宣德王五年（784 年）入唐至台山，在广州宝坛寺受具足戒，接着到曹溪拜祖师堂。后来到江西洪州开元寺师事马祖道一的弟子西堂智藏，决疑释滞，改名道一。此后又曾投百丈怀海门下参学。宪德王十三年（821 年）回新罗。道义主张“无念无修”，他在“五教之外，别传心印法”①。但是，“时人惟尚经教与习观存神之法，未臻无为任运之宗，以为虚诞，不之崇重。”② 于是道义隐居山林，付法廉居禅师，“传祖心辟师教”；廉居又传法体澄。体澄俗姓金，熊津人，出家后从廉居参禅，苦修一心，得受法印。837 年入唐，游历名山大川，谒见许多高僧大德。840 年回国后住迦智山寺，遂成迦智山一派。

实相山派的创始人是洪陟，别名南汉祖师，宪德王时入唐求法，与道义同受法于西堂智藏。归国后传马祖禅法，其宗趣为“修乎修没修，证乎证没证。其静也山立，其动也谷应，无为之益，不争而胜”③。他得到兴德王和宣康太子的归依，敕住实相寺，由此开创了实相山派。洪陟的嗣法弟子是透彻国师（816—892 年），他是实相山第二祖，得到景文王和宪康王的归依，使本宗宗风大振。

桐里山派的创始人惠哲（785—861 年），字体空，俗姓朴，庆州人。他曾在浮石寺学华严，二十二岁受大戒。宪德王六年（814 年）入唐谒拜西堂智藏，学“无说之说，无法之法”。智藏寂后，他到西州（今吐鲁番）浮沙寺研读大藏经三年。839 年归国，在武州谷城郡桐里山大开禅风，得到

---

① 高丽僧天頙撰《禅门宝藏录》卷中。

②③《祖堂集》卷一七。

文圣王的赞扬和支持，从而形成桐里山派。其法系有允多（864—945年）、道诜（821—898年）、庆甫（868—948年）等名僧。

凤林山派的创始人玄昱（787—868年），俗姓金，出身贵族，二十二岁受具足戒，三十八岁时入唐求法，师事马祖系统的章敬。837年归国后住南岳实相寺，几代王对他“并执师资之敬，不微臣伏之仪。每入王官，必命敷座诵法”。他八十二岁入寂，其弟子审希（855—923年）自幼好佛事，后师事玄昱，传以心灯。孝恭王时，审希建凤林寺，成凤林山派。

师子山派的开祖是道允及其弟子折中。道允（798—868年）俗姓朴，汉州鸺酽山人，出身贵族家庭，十八岁舍俗为僧，在鬼神寺学华严。825年入唐，师事马祖门下的南泉普愿，847年归国，得到景文王的归奉尊崇。其弟子折中（825—900年），七岁出家，十五岁诣浮石山听华严妙旨，十九岁受具足戒，恰逢道允刚从唐朝归国，特往参礼，从此师事道允，得其法嗣。后住师子山（江原道原州郡）兴宁禅寺，成师子山派。

圣住山派的开祖无染（800—888年），俗姓金，是武烈王八代孙。他十二岁到雪山五色寺出家，师事法性禅师；后又从浮石寺释澄学华严。821年随王子金昕入唐，到大兴城南山至相寺听讲《华严经》，后游洛阳佛光寺，问道于马祖弟子如满。又随蒲州麻谷山宝彻（也是马祖弟子）参禅，并得传心印。845年回国后住圣住寺，弘传禅法，问学者不计其数，由此形成圣住山派。无染有《无舌土论》，其中说："无舌土者即是禅"，禅根人"无师无弟"，"以无传为传，故传而不传也。"①

阇崛山派创始人梵日（810—887 年），俗姓金，出身贵族，十五岁出家，二十岁到京师受具足戒。后与兴德王（826—835 年）之子金义琮一起入唐，在马祖弟子盐官济（齐）安门下参禅得悟。会昌法难时隐遁商山，独居禅定，拾坠果充饥，掬流泉止渴。后到韶州（广东韶关）拜六祖慧能祖师塔；847 年归国，以江陵五台山崛山寺为传禅之地，形成阇崛山派。

曦阳山派的创始人智诜（824—882 年），俗姓金，号道宪，王都人。九岁从浮石山寺梵体学华严，十七岁从琼仪律师受具足戒。曾入唐从慧隐禅师受禅道，后住曦阳山风严寺，创立曦阳山派；据崔致远的《碑铭》记述，其传法系统为道信—法朗—神行（信行）—慧隐—智诜。

须弥山派创始人利严（870—936 年），俗姓金，十二岁出家，896 年入唐求法，受法洞山嫡嗣云居道膺，服勤六载，潜受法印，又曾遍访知识，四远参寻。归国后不久，逢高丽王朝建立，高丽太祖把他请入宫中，待以师资之礼。后来他在开京（开城）西北海州之阳择灵山构精舍而居，此即须弥山广照寺。由此学徒会聚，开须弥山派曹洞禅。禅门九山至须弥山派而全部形成，九山又综称为曹溪宗，到高丽时代盛

---

① 天顾《禅门宝藏录》，卷上引。

行起来。

## 第五节　高丽教宗与义天国师

高丽时期，儒、佛二教都受到王室的支持，佛寺尤其得到王权的庇护，寺院经济非常发达。首都开京的兴王寺，其建筑房屋竟达二千八百间之多。并且，高丽王朝又依照科举制度，制定了僧科制度，教宗与禅宗二科考试合格者，就取得“大选”法阶，其后逐渐晋升为大德、大师、重大师、三重大师。禅宗有禅师、大禅师，教宗有首座、僧统，与官阶大体相同。僧人的最高名誉是王师、国师，相当于王的顾问。由此僧官的选用与高丽王权密切地联结在一起了。

高丽自太祖王建起即崇奉佛教，大兴佛寺。王建曾对内奉卿崔凝说：“昔新罗造九层塔，遂成一统之业。今于开京建七层塔，西京（平壤）建九层塔，冀借玄功，除群丑合三韩为一家。”① 后来他果然统一了朝鲜半岛，便更相信这是佛力佑护的结果，因而大建寺院，礼敬名僧，每年举行八关会等佛教仪式。在太祖王建的治国纲领《高丽十训要》中，第一条即是崇佛的内容：“其一曰：我国家大业，必资诸佛护卫之力，故创禅教寺院，差遣住持焚修，使各治其业。后世奸臣执政，徇僧请谒，各业寺社，争相换夺，切宜禁之。”其第六条又具体规定了事佛的仪规：“朕所至愿，在于燃灯、八关，

---

① 《东国宝鉴》卷一二。

燃灯所以事佛，八关所以事天灵及五岳名山大川龙神也。后世奸臣，建白加减者，切宜禁止。吾亦当初誓心，会日，不犯国忌，君臣同乐，宜当敬依行之。”

在高丽大兴佛事的同时，中国的风水地理说在高丽也普遍流行起来。太祖不仅奉佛，也笃信国运、家运系于风水地理。风水地理说最有力的提倡者是僧人道诜，他提出通过建立寺、刹、佛、堂来裨补地理上缺陷的主张，得到太祖的支持，从而又促进了佛教的发展。太祖之后，历代君王都遵从着太祖的遗训，相信高丽大业“必资诸佛护卫之力”①，继续尊崇佛教，因而高丽佛教成为朝鲜半岛佛教史上的鼎盛时期，中国佛教各宗派在朝鲜半岛相当活跃。

高丽时期教宗名僧有谛观、均如、坦文、义天等人。谛观是10世纪中期高丽的天台教名僧，生卒年不详。当时，中国由于唐末五代之乱，天台教籍大多散失，吴越王钱弘俶欲复兴天台教法，就遣人到高丽求天台教籍，谛观于是奉高丽光宗王之命，于北宋太祖建隆年间（960—962年），携天台论疏诸部来中国，至天台山螺溪传教院，他参谒天台十二祖螺溪义寂，一见心服，遂拜义寂为师，兴天台宗，留住螺溪十年后入寂。其事迹见于《佛祖统纪》卷十之“谛观法师传”，所著《天台四教仪》行于世，是天台教学重要的入门书。

谛观在《天台四教仪》开头即说：“陈隋国师天台智者

---

① 《高丽史》卷二。

大师，以五时八教判释东流一代圣教，罄无不尽。言五时者，一华严时，二鹿苑时（说四阿含），三方等时（说《维谟》《思益》《楞伽》《楞严》《三昧》《金光明》《胜曼》等经），四般若时（说《摩和般若》《光赞般若》《金刚般若》《大品般若》等诸般若经），五法华涅槃时，是为五时，亦名五味。言八教者，顿、渐、秘密、不定、藏、通、别、圆，是名八教。顿等四教是化仪，如世药方。藏等四教名化法，如辨药味。如是等义，散在广文，今依大本，略录纲要。”在这里他说明，他的《四教仪》是依据天台智者大师的著作加以整理，简要阐述天台五时八教的基本思想，这对广泛弘扬天台思想有重要的意义。

均如（917—973 年）俗姓边，黄州人。十五岁出家，受业于复兴寺识贤，不久又投灵通寺义顺门下学华严。在新罗末期，伽耶山海印寺有两位华严宗匠，一位是观惠，是后百济王甄萱的福田；另一位是希朗，是高丽太祖的福田。两位宗匠的门徒互相对立，势如水火。观惠的法门称为南岳（智异山）派，希朗的法门称为北岳（浮石寺）派。均如本是北岳法孙，但他慨叹两宗的矛盾，欲融多歧为一辙，于是和仁裕首座共同倡导归一的宗旨，统合了新罗末期以来的南岳、北岳两派。均如是高丽时期佛教华严宗的代表性人物，他继承并发挥中朝两国华严宗师的思想，极力主张“性相融合”，又提倡“圣俗无碍”，对高丽佛教特别是对高丽华严学的发展做出了重要的贡献。他一生著述有近百卷，其中大部分是对智俨、法藏及义湘等华严学大师的著作的注疏。今仅存

《一乘法界图圆通记》《十句章圆通记》《华严旨归章圆通抄》《华严经三宝章圆通记》《释华严教分记圆通抄》等数种十八卷，均收在《高丽大藏经》中。

坦文（899—974年）字大悟，俗姓高，广州（京畿道）人。他五岁时即心在离尘，谒拜北汉山庄义寺信岩，学习华严，十五岁在本寺受具足戒。据说太祖时王后有娠，请坦文祈祷安产，果然有灵验，因而得到太祖的嘉奖。此后住九龙山寺开讲《华严》，声名大振。第二代惠宗王即位后，又在天成殿设法筵，请坦文为主讲。第三代定宗王时在九龙山寺设置谭筵，以坦文为法主。第四代光宗王创归法寺，以坦文为住持，又赐与弘道三重大师的称号，并且亲到内道场拜坦文为王师，又拜为国师。坦文晚年，以老病辞还故山，光宗王率百官为之送行，到达伽耶山寺时，僧徒拜迎如佛。其弟子有灵撰、一光、明会、芮林、伦庆、彦玄、弘廉等。

教宗中最著名者当属大觉国师义天。义天（1055—1101年）俗姓王，名煦，字义天，高丽文宗王第四子。因其名犯宋哲宗讳，故以字行。他十一岁承文宗王夙愿，出家为僧，随景德国师学华严教观。成人之后，博览群书，“而无常师，道之所存，则从而学之。自贤首教观及顿渐、大小乘经律论章疏无不探索。又余力外学，见闻渊博，自仲尼、老聃之书，子史集录百家之说，亦尝玩其菁华，而寻其根底，故议论纵横驰骋，衮衮无津涯，虽老师宿德，皆自以为不及。”［《大觉国师外集》（以下简称《外集》）卷12，《灵通寺碑》。］这说明他在入宋求法之前，即已广览佛典，精心探究，而且对儒家、道家之书，中国经史子集、百家之说，都有深入的了解。正因为如此，文宗王褒之为佑世僧统。他在未入宋之前，已与“大宋两浙华严阇梨”净源法师等人有书信来往。高丽宣宗王二年（1085 年，宋元丰八年）四月八日，义天入宋求法，七月六日到达宋都开封，住启圣寺。宋哲宗在垂拱殿迎见，礼遇备至。义天请遍参名德，于是诏华严法师有诚相与游处，义天以弟子之礼谒有诚，彼此问答贤首天台判教同异，及两宗幽妙之义，曲尽其说。后到相国寺，参谒禅宗青原系圆照禅师宗本，圆照为其升堂说法，继而说偈云：“谁人万里洪波上，为法忘躯效善财，想得阎浮应罕有，优昙花向火中开。”又到兴国寺，谒见西天三藏天吉祥，详询西天之事。一个月后，即前往杭州华严座主净源讲下受业，途经金山时，谒见了佛印禅师了元。他到达杭州后，即投大中祥符寺，以净源为师，钻研华严学。此后净源入主南山慧因院，开讲武周时译《华严经》，义天也随师住到慧因院。其间，他还特请上天竺寺慈辩大师从谏讲授天台宗经论，又请灵芝寺元照律师传授戒法。

宋元祐元年（1086 年），高丽宣宗王上表宋廷，述其母后之意，请求遣义天还国。不久，义天应诏赴京，临行前从谏赠手炉、如意，并著诗一首送别。义天与净源同舟前往京城，一路讲学不辍。义天抵京后，宋哲宗又在垂拱殿接见。留数日，重返杭州慧因院，听受净源传道。传道完毕，净源正坐焚香云：“愿僧统归，广作佛事，传一灯使百千灯相续而无穷。”于是授经书炉拂，以为付法之信（同上）。义天辞别源公之后，行至天台山，登定光佛陇，拜谒智者大师塔，并在塔前宣誓，还国之后，弘传天台教观。又自天台到明州，往育王广利寺，谒见大觉禅师怀琏。五月二十日，义天随高丽朝贺回使放洋返国。他在宋游学十四个月（宋元祐元年闰二月），“所至名山胜景，诸有圣迹，无不瞻礼，所遇高僧五十余人，亦皆咨问法要。”（同上）“师之往求法，非止遍参历问，记在灵府，其所求来经书，大半本朝所未尝行者。临行主客谓诸禅讲诸公曰：自古圣贤越海求法者多矣，岂如僧统一来，上国所有天台、贤首、南山、慈恩、曹溪、西天梵学一时传了。真弘法大菩萨之行者。此真实义谛，非溢美之言也。”（《外集》卷12，仙凤寺碑）

义天回国后，在大力宣扬华严学的同时，又开创了海东天台宗。寂后册封为“国师”，定谥“大觉”。编著有《新编诸宗教藏总录》《圆宗文类》《释苑辞林》等。其门人集所撰诗文为《大觉国师文集》20卷，今皆收入《韩国佛教全书》第四册。

义天从天台宗“一念三千”的理论出发，主张心为万事万物的本原，“此心其体清静，其用自在，其相平等，不分而分，虽说三义，圣凡一体，依正不二，迷之则烦恼生死，悟之则菩提涅槃，推之于心则为心也，推之于物则为物也。故得世出世间一切诸法，皆同一性，无有差别”①。义天的这些思想，并不仅仅是依据天台教义，而是把天台、华严和禅宗

① 《大觉国师文集》卷三。

思想结合在一起了。

义天的佛学思想以“圆融”为突出特点，继承了中朝两国的传统思想，特别是发挥了新罗元晓的“和诤”理论。义天对元晓极为赞佩，他在《祭芬皇寺晓圣文》中说：“我海东菩萨（指元晓），融明性相，隐括古今，和百家异诤之端，得一代至公之论，而况神通不测，妙用难思，尘虽同而不污其真，光虽和而不渝其体，令名所以振华梵，慈化所以被幽冥。”他认为，元晓的佛学以“和诤”的理论包罗了佛教诸多宗派及其思想，在中国、印度和朝鲜半岛都有重要的影响。他继承了元晓“和百家异诤”的主张，并进行了多方面的发挥。

首先，义天对佛教各种宗派均取融通的立场。他说：“清凉有言：‘性之与相，若天之日月，易之乾坤，学兼两辙，方曰通人。’是知不学《俱舍》，不知小乘之说；不学唯识，宁见始教之宗；不学《起信》，岂明终顿之理；不学华严，难入圆融之门。良以浅不至深，深必该灭，理数之然也。故经偈云：‘无力饮池河，讵能吞大海；不习二乘法，何能学大乘。’斯言可信也。二乘尚习，况大乘乎？”（《文集》卷一）在这里，他提出“圆融”的思想，主张大乘小乘、性宗相宗都应兼学，特别提到唯识学、《起信论》与华严学之互学互补，与元晓的思想息息相通。由此，他批评说：“近世学佛者，自谓顿悟，蔑视权小，及谈性相，往往取笑于人者，皆由不能兼学之过也。”（同上）他认为，那些不知兼学诸宗派的学人，自以为是顿悟，实则未悟佛理，因无知而常闹出笑话。在义天看来，印度佛学本是圆融之学，印度论师马鸣、龙树与无着、世亲，虽立论有异，而宗趣无别，“马鸣龙树光前世，无着世亲继后尘，逐末虽云宗有异，归元无奈道还均。”（《文集》卷19）所以林存撰《仙凤寺碑文》说：义天“以命世大任之才，其于诸宗之学，靡不刳心。而其自许以为己任者，在于贤首、天台两宗者，当其时节因缘故”。这是说义天博通各宗各派，而他之所以着力弘扬华严、天台，是基于当时的实际情况，而非偏执某宗某派。

其次，义天着力在教、禅二宗的会通。教宗包括天台、华严等宗，与禅宗本无划然之界限。唐代圭峰宗密、永明延寿等名僧，都主张教禅一致。但自宋代以后，教禅出现分离的趋向，寺院有教院、禅院之别，学佛者也多各守其宗。中国禅宗在六祖慧能之后，南宗禅独盛，分为五家七宗，多主张“不立文字，教外别传，以心传心，见性成佛”，对于佛教经典不加重视，对禅宗理论也很少直接正面阐发。这些都障碍了教、禅的相互沟通。义天极不赞成这种教禅分隔的倾向，他认为教宗和禅宗的旨趣是一致的，其《寄玄居士诗》云：“海印森罗处，尘尘大道场，我方传教急，君且坐禅忙，得意应双美，随情即两伤，圆融何取舍，法界是吾乡。”（《文集》卷十九）明确表示，应以“圆融”的态度看待教、禅两宗，不可取此而舍彼。他十分赞赏圭峰宗密禅教一致的主张，而批评那些或禅或教偏执一边的人，他说：“夫法无言象，非离言象，离言象则倒惑，执言象则迷真。但以世寡全才，人难具美，故使学教之者，多弃内而外求，习禅之人，好忘缘而内照，并为偏执，俱滞二边，其犹争兔角之短长，斗空花之浓淡。若乃公心彼此，独步古今，定慧两全，自他兼利，观空而万行腾沸，涉有而一道湛然，语默不失玄微，动静不离法界者，唯我圭峰祖师一人而已矣。”（《文集》卷三）这是说，佛法既超越言象而又不在言象之外，离言象而求法，则陷于颠倒迷惑之见；拘泥于言象而学佛，则不悟真如实际。由此他既反对学教者“弃内而外求”，也反对习禅者“忘缘而内照”，认为应如圭峰宗密那样“公心彼此”，“定慧两全”，才是正确的态度。因此他有诗句云：“欲图法眼长无缺，慎勿轻言教外传。”（《文集》卷十七）他对禅宗中的“教外别传”之说极不赞成。

在义天之后不久，韩国禅宗曹溪宗的开创者普照国师知讷（1158—1210 年）则从禅宗的立场主张禅教一致，他认为，教是世尊口授，禅是世尊心禅，世尊之心口当无异，因而教禅同出一源，相辅相成。他撰《真心直说》等文，广引经论，直说佛法禅理，而反对拘守“不立文字，教外别传”之论。这样，由于义天和知讷等人的提倡，高丽时期的佛学呈现教禅双修的气象，不像中国宋代那样偏颇。

另外，义天之圆融思想，不止限于对佛教内部，还包括儒家、道家。他在《讲圆觉经发辞》中说：《圆觉经》“罄法相宗之源流”“畅法性宗之本末”“兼般若宗之玄致”“说调伏藏之规模”。同时“分三重于法界，《华严》之旨现焉；开二门于一心，《起信》之义著矣。事兼二教，畅孔李之玄枢；禅会两宗，明秀能之秘旨”（《文集》卷三）。在他看来，《圆觉经》不仅概括了佛教中教宗各派与禅宗各派（包括神秀禅和慧能禅）的思想精神，而且“事兼二教，畅孔李之玄枢”，也体现了儒家和道家的观点。他还认为，在佛法五乘之中，包括了儒道两家的思想，“以言乎人乘，与周孔之道同归；以言乎天乘，共老庄之学一致，先民所谓修儒道之教，可以不失人天之报。”（《文集》卷十三）他推重儒家学问，认为“士儒志学之际，颇有一人志在求掌考试之事以勤学问乎？所谓拔策决科，必在乎学圣人之道，佐圣人之世，驱民于仁寿之域，终致太平，此其大概也。儒既如此，释不然乎？”（同上）这是说，儒佛之道都是使天下太平，使民众幸福之道。义天十分推尊孝道，认为这也是儒佛共通的至道。他在《讲兰盆经发辞》中说：“大慈无不爱，大孝无不亲，爱我之爱不爱彼之所爱，非大慈也；亲今之亲不亲昔之所亲，非大孝也。然以五刑之属三千，而罪莫大于不孝；六度之归八万，而福莫大于行孝。故得释门遍于五时，儒典通乎六籍，包罗大小，统贯尊卑，虽设教有殊，而崇孝无别。”（《文集》卷十八）在他的《文集》中可以发现，他对儒家、道家的思想和语言，时常信手拈来，混入自己的论述中。例如上引其赞元晓“尘虽同而不污其真，光虽和而不渝其体”之文，则有采于《老子》“和其光，同其尘”之语。在这方面，他继承了中朝传统中儒释道融合的思想，而又未失佛教的立场。义天之圆融儒释道三教及圆融佛教禅教两宗的思想，是他佛学思想的突出特点，也是他在中朝佛教发展史上的一个重要贡献，至今仍具有现实价值。

另外，他提倡出世与入世的统一。

近代以来，中国、朝鲜半岛、日本的佛教，多主张佛教的人间性，倡导出世精神与入世事业的结合。而大觉国师义天在九百多年前即持有此种理念。他说："圣凡一体，依正不二，……故得世出世间一切诸法，皆同一性，无有差别。"（《文集》卷四）这是基于大乘佛教的基本精神，而说出世间法不离世间法，不可以离开世间法去追求出世间法。由此，他又引述唐朝著名居士裴休的主张说："自昔外卫之人，揄扬教道，弘护法门者，无出李唐裴公相国，彼与圭峰为世外素交也。相国实是大权菩萨，而尝叹云：生灵之所以往来者，六道也，鬼神沉幽愁之苦，鸟兽怀猾狱之悲，修罗方嗔，诸天正乐，可以整心虑趣菩提，唯人道为能耳。人而不为，吾未如之何也。"（《文集》卷五）这是说，欲证菩提，唯依人道，做佛应从做人起。裴公之论人道，颇为中国人间佛教的提倡者所乐道，而义天早已与裴公的思想相感通。另外，义天儒佛会通的主张，也体现了他的人道精神和入世思想。

义天不仅理论上主张出世入世的统一，而且付诸实践实行。《灵通寺碑》载："师既为一国尊亲，有大政事，必款密咨决，故所与上论列国家事甚多，而有阴德于人民。"（《外集》卷十二，灵通寺碑）这表明义天不只是一般的关怀现实社会，而是可以直接参与国家大事的决策。他看到国家和社会的问题，也会主动提出意见。例如，他曾给肃宗王上疏论铸钱之法，陈述中国历代钱币政策的得失，提出改革币制的主张。他说："臣尝潜心三藏之外，行有余力，则涉猎经史，以观古人之贤不肖。"并且又说："出位谋政，在儒者所不许。然臣念君亲之重，身何敢吝。"（《文集》卷十二）表示为国为民，不记个人前途安危。另外，义天入宋求法，虽为佛事，但他一路上主动与地方政府及宋廷取得联系，以得到有力的支持和帮助。宋廷也对他优遇有加，皇帝在宫廷亲自迎见，派出大员一路陪伴，又多有慰问、赐赠，义天俨然是高丽来的贵宾和友好使者。这也是义天入世理念的实际体现。义天出世与入世相统一的思想和行动，对于中朝佛教的发展有现实意义。

大觉国师义天为中朝佛教文化交流做出了卓越的贡献，在中朝文化交流史上留下了光辉的一页。其主要贡献可举出以下几个方面：

其一，促成中朝华严学的复兴

义天入宋求法之前，即对华严教观已有相当深入的研究，他读到过净源有关华严学的著述，心生敬意，他到达宋都后，在《乞就杭州源阇梨处学法表》中说："向者于故国偶得两浙净源讲主开释贤首祖教文字，披而有感，阅以忘寝，乃坚慕义之心，遥叙为资之礼。"所以入宋后即拜净源为师。净源俗姓杨，字伯长，出家后寻师访友，钻研华严教学，"尽得华严奥旨，四方宿学推为义龙"（《补续高僧传》卷一《晋水法师传》）。但是，当时中国有关《华严经》的疏抄散佚殆尽，因此华严学的研究衰微不振。义天见到净源，即以他从高丽带来的华严典籍质疑探讨，使华严疏抄逸而复得，为中国华严学的复兴提供了可贵的文献资料。《佛祖统纪》卷十四载：义天“至慧因，持《华严》疏抄咨决所疑，阅岁而毕。于是华严一宗文义逸而复得。……及施金书《华严》三译于慧因，建阁藏之。”《佛祖历代通载》卷十九有：“高丽僧统义天，航海问道，（谒净源）申弟子礼。初华严一宗疏抄久矣散坠，因义天持至咨决，逸而复得。左丞蒲宗孟抚杭，愍其苦志，奏以慧因易禅为教，命公（指净源）主之。义天还国，以金书《华严》三译本一百八十卷以遗师，为主上祝寿。师乃建大阁以奉安之，时称师为中兴教主。以此寺奉金书经故，俗称高丽寺。”此外，《释氏稽古略》卷四、《补续高僧传》卷二，均有类似的记述。由此可见，净源之被誉为华严宗中兴教主，是与义天分不开的。义天持来华严疏抄，回国后又送金书《华严》三译给净源，推动了中国华严学研究的深入，也增强了净源的影响力，从慧因寺易禅为教，由净源主持，及慧因寺俗称高丽寺，均可明显地看出这一点。

另外，义天不同于一般的求法学僧，他入宋前在高丽已是名声显赫，入宋后也颇得时人尊重。如礼部尚书翰林学士苏轼曾赋诗一首送给陪伴义天的主客员外郎杨杰，诗中有“三韩王子西求法，凿齿弥天两勍敌”之句（《外集》卷十一），把义天比为东晋名僧弥天释道安，而把杨杰比为与道安交厚的东晋名士四海习凿齿。杨杰有一首赠义天的长诗，其中有：“尝闻奘三藏，问津法王子，大教传瑜伽，唱道慈恩寺；又闻浮石老，鸡林称大士，唐土学华严，旋归振纲纪。

性相互有得，未能尽善美，孰若佑世师，五宗穷妙理。”“我愧陪弥天，才辩非凿齿，留赠明月珠，光透玉壶里，四海同一家，何此亦何彼。”（《外集》卷十一）意思是说，唐朝玄奘法师西天取经，传瑜伽相宗而归；新罗义相法师入唐求法，传华严性宗而去。二者虽各有所得，但未能尽善尽美、圆通性相，都比不上佑世僧统义天，遍参善知识，通达华严、天台、唯识、律、禅五宗，无不得其妙旨。杨杰自称愧陪义天，因为义天可比东晋名僧道安，而自己却比不上名士习凿齿。从苏轼、杨杰的诗句中，不难看出义天在人们心目中的地位。义天历访诸宗大德，不是简单的求问宗义，因为他“非是始学，欲以已所得与诸师相试故来耳”（《外集》卷十二，灵通寺碑）。净源与义天也是互有促进，“非特僧统资源公而道益进，源公名所以益高，以僧统扬之也”（同上）。义天称颂净源“德冠古今，学穷微奥”［《大觉国师文集》（以下简称《文集》）卷十一］，净源则把他与义天的师资关系比为慧思与智者大师的关系（《外集》卷二），在送义天归国时赠诗云：“离国心忙海上尘，归时身遇浙江春，休言求法多贤哲，自古王宫只一人。”（《外集》卷十）可见其对义天之器重。

义天回国时，带回“华严大不思议论等诸宗教藏三千余卷”（《文集》卷八），“其所求来经书，大半本朝（指高丽）所未尝行者”（《外集》卷十三，仙凤寺碑），这对高丽佛教的发展有重要意义。义天回国后任兴王寺住持，讲演华严“周于十遍”，又整理编纂华严类之重要著述，分部别类，集为《圆宗文类》二十二卷，他以弘传华严为己任，常自称“兴王寺住持传贤首教观佑世僧统”、“海东传华严大教沙门”，努力推动高丽华严学的复兴。

其二，创立海东天台宗

义天越海求法，用心于华严学的同时，又致力于天台宗义。据《仙凤寺大觉国师碑》载：义天在宣宗即位后，屡请入宋求法，但遭到群臣的反对，有一天，尚在藩邸的肃宗与义天同谒仁睿太后，“偶语及之曰：天台三观最上真乘，此土宗门未立，甚可惜也。臣窃有志，为太后深垂随喜，肃宗亦愿为外护。”（《外集》卷十三）这是说，仁睿太后支持义天赴宋求取“天台三观最上真乘”，以便回国后开创天台宗，肃宗也愿意帮助义天实现自己的愿望。他在宋朝曾随从谏学习天台教观，返国前在智者大师塔下发愿说：“尝闻大师以五时八教判释东流一代圣言，罄无不尽，而后世学佛者，何莫由斯也。故吾祖华严疏主云：贤首五教，大同天台。窃念本国，昔有人师，厥名谛观，讲演大师教观，流通海外，传习或坠，今也即无。某发愤忘身，寻师问道，今已钱塘慈辩大师讲下承禀教观，粗知大略，他日还乡，尽命弘扬，以报大师为物设教劬劳之德。此其誓也。”（《文集》卷十四，《大宋天台塔下亲参发愿疏》）这说明他已做好了回国开创天台宗的准备。

义天回国后，即着手创宗的工作，他“募可与弘道者德麟、翼宗、景兰、连妙，各率其徒，齿于弟子”（《外集》卷十二，仙凤寺碑）。“大觉国师肇立台宗，募集达摩九山高行释流，方且弘扬教观，开一佛乘最上法门”（《开城国清寺妙应大禅师墓志》，转引自忽滑谷快天《韩国禅教史》“教雄之天台教”）。他大力吸收当时高丽诸宗名僧特别是禅门九山的缁秀，以为肇立台宗的人才。不久，遵仁睿太后遗愿修建的国清寺落成，义天奉诏住持，升座振海潮音，演天台一宗妙义，本宗学者及诸宗硕德“无虑数千人，闻风竞会”（同上），由此可见其盛况。

义天所创的天台宗，是与华严教学密切联系在一起的。其师净源即兼通华严与天台，自谓：“吾首于《华严》，老注《法华》，二经为佛教之表里，终始之绝唱，吾得而毕之，岂非夙志之幸乎。”（《外集》卷三，净源书五）他认为《华严经》与《法华经》“为佛教之表里，终始之绝唱”，二经旨趣相辅相成，相得益彰。义天继承了净源的思想，所以他在智者大师塔下发愿时特别说道：“吾祖华严疏主云：贤首五教，大同天台。”说明弘扬天台宗义与弘传华严教观是一致的。

天台教观从中国传到海东，并不是始于义天。如前所述，新罗玄光即曾入唐从南岳慧思学天台，证得法华三昧而传入新罗。《佛祖统纪》中说：“晁说之《仁王般若疏序》曰：陈隋间，天台智者远禀龙树，立一大教，九传而至荆溪，荆溪复传而至新罗，曰法融、曰理应、曰纯英。故此教播于日本，而海外盛矣。”这是说，天台宗是由荆溪湛然而传到新罗的。月窗居士金大铉著《禅学入门》的跋中说：“我东新罗中叶，高僧法融、理应、英纯联锡游唐，俱得天台下三世左豁东阳大师之妙法，以华以香供养我槿域（朝鲜的异名）。”义天自己则说：“天台一枝明夷于代，昔者元晓称美于前，谛观法师传扬于后。”① 此外，还有种种说法，证明中国的天台宗早已传到海东。但是，在义天之前，天台宗在海东的传播是时断时续的，并且影响不那么大，义天使天台宗得以复兴，在高丽时期达到鼎盛。

另外还有一个值得注意的问题，即义天在回国前在智者塔前发愿时只提到谛观曾传天台，谛观之后，则天台无传。而在《新创国清寺启讲辞》中则说：“缅唯海东佛法七百余载，虽诸宗竞演，众教互陈，而天台一枝，明夷于代。昔者元晓菩萨称美于前，谛观法师传扬于后，争奈机缘未熟，光阐无由。”（《文集》卷三）这是说，元晓是在海东敷演天台教的第一人，而谛观只是继元晓之后传扬天台教说而已。义天此时如此推尊元晓，体现出他创立天台宗的一个重要思想，即不仅仅是为了填补当时高丽诸宗竞演，独缺天台的空白，更是要通过新创的天台宗而统合诸宗，包括统合禅宗。他继承元晓的“和诤”思想，作为这种统合的理论基础。所以他说：“理由教现，道藉人弘，逮俗薄而时浇，乃人离而道丧，师既各封其所宗习，资亦互执其见闻。……唯我海东菩萨，融明性相，隐括古今，和百家异诤之端，得一代至公之论。”（《文集》卷十六，《祭芬皇寺晓圣文》）这是他创立天台宗的一个重要意义和特点。

---

① 《大觉国师文集》卷三。

其三，新编诸宗教藏

义天收集诸宗教藏，入宋之前即已开始，回国之后仍然继续，其收集范围除高丽外，广及宋、辽、日本诸国，经二十年岁月，收得诸宗疏抄四千余卷，其中大部分是在入宋求法过程中得到的。他“请置教藏司于兴王寺，召名流刊正谬缺”，编成《新编诸宗教藏总录》三卷，又依此《总录》刊刻诸宗疏抄，“不几稔间，文籍大备，学者忻赖。”（《外集》卷十二，灵通寺碑）

他在1090年所撰《新编诸宗教藏总录序》中说：“汉明梦感之后，叶书继至，翻译流通者无代无之，而及贞观，经论大备，由是西圣之教，霈然莫御也。自聂道真道安，至于明全宣律师，各著目录，谓之晋录魏录等。……开元中，始有大法师，厥号智升，刊落讹谬，删简重复，总成一书，曰《开元释教录》。……予尝窃谓，经论虽备，而章疏或废，则流衍无由矣。辄效升公护法之志，搜访教迹以为己任，孜孜不舍，仅二十载于兹矣。今以所得新旧制撰诸宗义章，不敢私秘，叙而出之。后有所获，亦欲随而录之。脱或将来编次函帙，与三藏正文垂之无穷，则吾愿毕矣。”此中有三点说明：第一，其“总录”是继中国历代所著经录之后的新作；第二，该“总录”的特点是收录诸宗章疏，以补过去“经论虽备而章疏或废”的缺陷；第三，依“总录”刊行的章疏，可与三藏正文相互参照印证以“垂之无穷”。应该说，这三个方面也正是义天新编诸宗教藏的意义和贡献所在。

## 第六节　高丽曹溪宗与智讷

高丽前期，教宗盛于禅宗，其中华严、天台两教最盛，但禅宗也有名僧出现。如僧人智宗，曾入中国求法学禅，回国后弘传法眼宗。智宗字神则，俗姓李，全州人。959 年请入中国求法，光宗王为之设宴饯行，于是乘船浮海达于吴越，参拜法眼宗三祖、永明寺延寿。据《宋高僧传·延寿传》说，延寿曾辑录中国和印度圣贤二百人的著作，撰成《宗镜录》一百卷，对各宗派的趣旨取调和态度。高丽光宗王见到此书，便遣使奉金线织成的僧伽黎衣、紫水晶念珠、金澡罐，叙弟子之礼，同时派国僧三十六人来学法，遂使法眼之禅风盛行于海东。智宗大概就是三十六国僧之一，他 970 年东还，光宗王时为大师、重大师，景宗王时为三重大师，显宗王时则被拜为国师。

智宗之外，还有李资玄在民间传禅。李资玄（1060—1125 年）字真精，号希夷子，宣宗王六年（1089 年）以大乐署丞而弃官逃世，居江原道春州郡清平山文殊院，穷读大藏，遍阅群书，学无师承，独脱无依。由《雪峰语录》和《首楞严经》而悟入禅道，开《楞严》讲会，诸方学者云集，为高丽独创禅宗的先驱，门人有鼎贤、坦然等高僧。

坦然（？—1158 年）俗姓孙，十三岁即通六经大义，十五岁补明经生，曾为肃宗王之子睿宗王之师。十九岁入京北安寂寺落发，依广明寺慧炽（鼎贤）国师而得心要，又与慧炤国师同学于希夷子。肃宗王时中大选，睿宗王践祚后特授三重大师，后又加授禅师。仁宗王加为大禅师，又封为王师。曾作《四威仪诵》，寄宋朝育王山禅师介谌，介谌复书极加赞美，并以衣钵遥传之。

高丽中期，武官执权之后，禅宗特别是曹溪宗大盛，几成吞并教宗之势，其最优秀的代表人物是普照国师智（知）讷。智（知）讷（1157—1210年）俗姓郑，自号牧牛子，京西洞州（黄海道瑞兴郡）人；八岁出家，二十五岁举僧选，不久南游，驻锡昌平（全罗南道罗州郡）清源寺，一日读《六祖坛经》，读到“真如自性起念，六根虽见闻知觉，不染万象，而真性常自在”处，惊喜而起，绕佛殿颂思之，有所自得，从此立志钻研禅学。后来寓居下柯山（庆北醴泉郡）普门寺，研读《大藏经》，看到李通玄的《华严论》，潜心钻研，搜抉索隐，悟入圆顿观门。三十三岁时，应旧友邀请，移住公山居祖寺（永川郡银海寺东北安兴寺），习定均慧，数年不息，并与法友共组“定慧结社”，发布《劝修定慧结社文》，因而声名始扬。四十一岁时与禅侣同入智异山，隐栖于上无住庵，专精内观，断除外缘，发明心源。有一天得到《大慧语录》，读至“禅不在静处，亦不在闹处，不在日用应缘处，不在思量分别处”时，忽然契会，慧解益高。四十三岁住居江南松广山（全南顺天郡）吉祥寺，谈法修禅，四方来参学者不计其数，王公士庶加入定慧社者有数百人之多。智讷劝人诵读《金刚经》，又常讲六祖《坛经》，同时辅以《华严论》和《大慧语录》，由此而开“惺寂等持门”“圆顿信解门”“径捷门”之三门接引学人，修行信入者甚众，禅学呈现出空前的盛况。熙宗王素重智讷，即位后敕改吉祥寺为曹溪山修禅寺，并亲题社名。以此为据点，智讷开创了曹溪宗。寂后谥“佛日普照国师”。他的著作，有《法集别行录节要并入私记》《劝修定慧结社文》《真心直说》《牧牛子修心诀》《诫初心学人文》《看话决疑论》《圆顿成佛论》等多种。智讷在朝鲜半岛佛教史上与新罗元晓齐名，居于很高的地位。

智讷的禅学思想，突出以“真心”为核心概念。他的《真心直说》分为真心正信、真心异名、真心妙体、真心妙用、真心体用一异、真心在迷、真心息妄、真心四仪、真心所在、真心出死、真心正助、真心功德、真心验功、真心无知、真心所往等十五节，对真心进行了系统的论述。他认为：“真心本体，超出因果，通贯古今，不立圣凡，无诸对待，如太虚空，遍一切处。妙体凝寂，绝诸戏论，不生不灭，非有非无，不动不摇，湛然常住。”又说：“一切山河大地，草木丛林，万象森罗，染净诸法，皆从中出。”总而言之，真心无始无终，独一无二，超越一切具体事物，而为一切世界生成之根源。①

他又认为，此真心发明于《楞严经》中，但“一法千名，应缘立号，备在众经”。《菩萨戒》呼为心地，《般若经》唤作菩提、涅槃，《华严经》立为法界，《金刚经》号为如

① 《真心直说》。

来，《金光明》号曰如如，《净名经》号曰法身，《起信论》名曰真如，《涅槃经》呼为佛性，《圆觉经》名为总持，《胜曼经》号曰如来藏，等等，实际上都是指此真心。禅宗与教宗有所不同，“祖师门下，杜绝名言，一名不立，何更多名。”但是，禅家“应感随机，其名亦众”。例如妙新、正眼、自己、主人翁、无底钵、没弦琴、无尽灯、吹毛剑、无为国、牟尼珠、无钥锁，乃至泥牛、木马、心源、心印、心镜、心月、心珠等，都是真心的异名。

在他看来，真心就是佛心，就是圣凡同具的“平等心”。它是人人具足的“天真自性”，是个个圆成的“涅槃妙体”。所以真心“不假他求，从来自备”①。这样，他就使佛教走出宫廷贵族的小圈子，更广泛地传播到了民众之中。

他又强调，所谓的“天真自性”，不是去认识对象性存在的分别知，而是要觉悟自己的本性。据此，他在《真心直说》之后所撰的《修心诀》中，进一步提出“反照”理论，“反照自心本来是佛。”“一念回光，见自本性，而此性地，元无烦恼，无漏智性，本自具足，即与诸佛，分毫不殊。”“明众生之我与诸佛无分毫差异，此谓一念回光或一念回机反照。”② 他提出自心即佛，众生与诸佛本质上无差别，全在一念之回机反照，宣扬成佛面前人人平等的理论，就更能吸引广大民众，从而扩大佛教的影响。

---

① 《真心直说》。

② 见朴钟鸿《韩国思想史》，第一八六页。

智讷在《真心直说》中又说，修禅学道在于“做无心功夫”。所谓无心，“非无心体名无心也，但心中无物，名曰无心。”“但于心无事，于事无心，自然虚而灵，寂而妙。”也就是说，无心是“无妄心”，“无妄心”才会有真心妙用。他综合并发挥诸师之说，提出一种“做无心功夫”的方法，即觉察、休歇、泯心存境、泯境存心、泯心泯境、存境存心、内外全体、内外全用、即体即用、透出体用。对这十种功夫，他一一具体说明。这十种功夫，也是继承和发挥了中国禅宗的思想。例如，智讷说，泯心存境、泯境存心、泯心泯境、存境存心这四种功夫，其实就是祖师所说的夺人不夺境、夺境不夺人、人境两具夺、人境具不夺嗣法门。他这里所说的祖师，是指中国禅宗临济宗创始人义玄。义玄启发弟子觉悟时，应机采取四种方法，这就是“有时夺人不夺境，有时夺境不夺人，有时人境具夺，有时人境具不夺”。义玄所说的人与境，约略相当于智讷所说的心与境。当时有僧人请义玄解释这四法门，他用比喻的方式、偈颂的语言回答：夺人不夺境，如同“煦日发生铺地锦，婴孩垂发白如丝”。前一句是暂时存境，后一句则是夺人，这是针对偏执“我”为实有的人而言。夺境不夺人，如同“王令已行天下遍，将军塞外绝烟尘”。前一句夺境，后一句存人，这是针对偏执外境为实有的人而言。人境具夺，如同“并汾绝信，独处一方”。是针对我执、法执都严重的人而言。人境具不夺，如同“王登宝殿，野老讴歌”。这是对已经破除了我执、法执的僧人而言。智讷的泯心存境等四种方法，与义玄的夺人不夺境等四法门十分相似，但意义并不完全相同，义玄的四法门是启悟弟子的手段、施设，智讷则把这四法门引申为个人修习的方法，使其更带有普遍实践性的品格。

智讷对十种功夫的论述，在《真心直说》中占了相当大的篇幅，比对其他问题的论述都更详尽而具体。他自己说："此个休歇妄心法门，最紧要故，偏多说无文繁也。"可见他最重视这十种功夫。他又指出，以上十种做功夫法，不须全用，个人根据各自的情况，随缘修习，"但得一门，功夫成就，其妄自灭，真心即现。"就是说，十门功夫并无先后高低的区别，并不是渐修渐进的十个修行阶次。这本质上仍然坚持了禅宗的顿悟说。

智讷认为，要显现真心，最主要的是做无心功夫，但这并不排除各种善行。他以无心息妄为正、为主，以修各种善行为助、为辅。他说，如同明镜被尘垢覆盖，要用手力擦拭，还须妙药磨莹，才能重现光明。真心就如镜光，烦恼便如尘垢，无心功夫如手力，各种善行如磨药。如果修善时与无心相应，不取著因果，不有意去追求善报，那么，这样的善行便是证悟真如的"方便"，是超脱生死的"要术"，因而可得广大福德。

另外，智讷《真心直说》的重要性不仅在于确立了"真心"这一概念，而且也在于采用了"直说"这种形式。中国禅宗在六祖惠能之后，逐渐形成一种思想和风气，即认为佛教真理是无法用文字言语来传述的，必须是由师心直接传予弟子之心，弟子通过自己的直觉体验而悟得。因此，禅门便有十六字口诀流行起来，就是“不立文字，教外别传，以心传心，见性成佛”。并且说，这是佛佛祖祖一脉相承的法门，是“正法眼藏”，是传承“涅槃妙心”。智讷不赞成此种风气，他在《真心直说》的序言中说：“佛祖出头，无法与人，只要众生自见本性。……是故佛祖不令人泥着文字，只要休歇见自本心。所以德山入门便棒，临济入门便喝，已是探头太过，何更立语言哉?”这似乎有否定语言文字的倾向。但是，他又接着说：“妙高顶上，从来不许商量；第二峰头，诸祖略容话说。”妙高顶上，是指禅悟的最高境界，也就是真心自现的境界，不是通过语言文字思辨就能认识得到和表达得出来的，所以说“从来不许商量”。然而，要登上妙高顶峰，须要第二峰头作为阶梯，这“第二峰头”就是佛教经典和禅门祖师们的言说文字。这就是说，要以语言文字为“方便”，以达到不可言诠、不可思议的幽微境地。正因为如此，智讷才“不惜眉毛，谨书数章，发明真心，以为入道之基渐也”。

智讷又在《六祖坛经跋》中说：“忠国师（指唐代僧南阳慧忠）呵破南方佛法之病，可谓再整颓纲，扶现圣意，堪报不报之恩，我等云孙，既未亲承密传，当依如此显传门诚实之语，反照自心本来是佛，不落断常，可谓离过矣。”

智讷又在《法集别行录节要并入私记》中说：“菏泽神会是知解宗师，虽未为曹溪嫡子，然悟解高明，抉择了然。密师宗承其旨故，于此录中，伸而明之，辖然可见。今为因教悟心之者，除去繁词，抄出纲要，以为观行龟鉴。予观今时修心之人，不依文字指归，直以密意相传处为道，则溟涬然徒劳坐睡，或于观行，失心错乱故，须依如实言教，抉择悟修之本末，以镜自心，即于时中观照，不妄用功耳。”由此可见，智讷是以曹溪惠能—菏泽神会—圭峰宗密这样的法脉为主，又吸收了各宗派特别是临济宗的思想，而形成自己的理论的。正是基于这种立场，智讷才系统地“直说”禅宗理论，对中国的禅学做出了进一步的发展，同时把高丽禅统合为曹溪宗。

高丽佛教的特征，在于教宗与禅宗互相妥协调和。义天的观点是站在教宗的立场来把握禅宗的思想，而智讷则力图站在禅宗的立场来融合教宗。智讷认为，教是世尊口授，禅是世尊心禅，世尊之心，口理应是一致的，因而教、禅同出一源，相辅相成。但是，禅与教仍有主次先后之别，“修心之士，先以祖道知自心本妙，不拘文字。次以论文辨心之体用”①。

在调和教、禅的前提下，他进一步提出顿渐并行、定慧双修的修行方法。他认为，觉悟自己本来是佛，这并不是靠修行而得，而是依靠无“阶级渐次”的顿悟。他解释顿悟说：“凡夫迷时，四大为身，妄想为心，不知自性是真法身，不知自己灵知是真佛也。……一念回光见自本性，而此性也，元无烦恼，无漏自性，本自具足，即与诸佛分毫无殊，故云

① 《华严论节要》序。

顿悟。”① 但是，悟之后还必须长期“照察”，妄念一起；随即排除，如此循环往复，以至于“无为”。人世间“轮回因缘”根深蒂固，只有渐修才能最终解脱。所以他又解释渐修说：“顿悟本性，与佛无殊，无始习气，难卒顿除，故依悟而修，渐熏功成，长养圣胎，久久成圣，故曰渐修也。”② 他主张顿悟与渐修必须相结合，无顿悟的修行非真修，必须先悟后修。顿悟以断障，渐修以成德，二者联结起来，才是真正的修行。悟后的修行之道又有定与慧，没有定与慧，就会陷入狂或愚。所谓定，就是“依止缘之功而心定寂然不变”；所谓慧，就是“依观照之功而知无分别”。这样顿渐结合、定慧双修，经历不同的阶段，就可以达到菩提涅槃而成佛。

智讷还特别强调，修行不能只停留在智性的寂静上，还应当不忘解救众生，因为即便能够达到明见佛性，“利他行愿”也不会“自然成满”，所以“智者觉慧常明，精修梵行，发大誓愿，广济众生，不独求自己一身之解脱”。

继智讷之后，曹溪山第二代修禅社主是真觉国师慧谌。慧谌（1174—1234 年），俗姓崔（一作曹），名寔，字永乙，自号无衣子，罗州和顺县（全罗南道）人。曾学儒业，又入太学。智讷在曹溪山新开修禅社时，他即前往参礼，为智讷弟子。智讷入寂后，继任曹溪修禅社主，开堂说法，学者云集。高宗王时得授禅师、大禅师，寂后谥真觉国师。今有《真觉国师语录》《无依子诗集》等著作传世。

①② 《续藏经》第一辑第二编第一八套第五册。

慧谌和他的门人录成《禅门拈颂》三十卷，其序云："详夫自世尊、迦叶已来，代代相承，灯灯无尽，递相密付，以为正传。其正传密付之处，非不该言义，言义不足以及，故虽有指陈，不立文字，以心传心而已。好事者强记其迹，载在方册，传之至今，则其粗迹，固不足贵也。然不妨寻流而得源，据末而知本。得乎本原者，虽万别而言之，未始不中也；不得乎此者，虽绝言而守之，未始不惑也。是以诸方尊宿，不外文字，不吝慈悲，或征或拈，或代或别，或颂或歌，发扬奥旨，以贻后人。则凡欲开正眼，具玄机，罗笼三界，提拔四生者，舍此奚以哉。况本朝，自祖圣会三以后，以禅道延国祚，智论镇邻兵。而悟宗论道之资，莫斯为急。故宗门学者，如渴之望饮，如饥之思食。余被学徒之力请，念祖圣本怀，庶欲奉福于国家，有裨于佛法，乃率门人真训等，采集古话凡一千一百二十五则，并诸师拈颂等语要，录成三十卷，以配传灯，所冀尧风与禅风永煽，舜日共佛日恒明。海晏河清，时和岁稔，物物各得其所，家家纯乐无为，区区之心，切切于此耳。第恨诸家语录，未得尽览，恐有遗脱，所未尽者，更待后贤。"

这里有几点值得注意：其一，慧谌肯定佛祖"正传密付之处"，"不立文字，以心传心"，同时又肯定"诸多尊宿，不外文字"，"发扬奥旨，以贻后人"。这继承了智讷"依显传门"阐发禅家理论的立场。其二，他主张弘法与护国结合起来，以为弘法与护国是统一的。其三，他把尧风舜日与禅风佛日相提并论，表明他的思想带有儒佛融合的倾向，也体现出高丽王朝儒佛并重的政策。文中所谓“祖圣会三”，是指元晓“会三归一”的主张，可见他继承了元晓“和诤”的思想。

他还明确论述过儒佛关系，提出儒佛一致的主张。他在《答崔参政洪胤》一文中说：“我昔居公门下，公今入我社中，公是佛之儒，我是儒之佛。互为宾主，换作师资，自古而然，非今始尔。认其名则佛儒向异，知其实则儒佛无殊。”甚至根据伪经《起世界经》的说法，以老子为迦叶菩萨，孔子为儒童菩萨，从而证明“儒道之宗，宗于佛法，而权别实同”①。

在佛教理论方面，慧谌主张人人皆有佛性，“诸人本心是佛，更无别物。但以法尔随缘，习以成性，故有善恶愚智差别。”因此他说：“迷则佛众生，悟则众生佛。”② 他和智讷一样，主张无心功夫，认为“直下无心最为省要，内若无心，外即无事。无事之事是名大事，无心之心是名真心。所谓无心者，无心无无心，亦无无心尽，是真无心。无事者，无事无无事，亦无无事尽，是真无事。若以事遣事，事事弥增，将心无心，心心却有，不若一刀截断左右葛藤，更不思前念后，直然放下，放到无放下处，无放下处亦放下，到这里，方始大事现前，朗然独耀，此是诸圣放身舍命之处，成佛作祖之处，此名大真佛，亦名法身佛，亦名如如佛”（《上康宗大王心要》）。

---

①② 《曹溪真觉国师语录》上。

智讷、慧谌之后，发展曹溪宗禅风的是高丽末期的普愚和慧勤。普愚（1301—1382 年）初名普虚，号太古，俗姓洪，洪州（忠清南道洪城郡）人。十三岁投桧岩寺广智出家，访道诸方丛林。1337 年寓居松都（开城）旃檀园，参究无字话，豁然大悟，随即作颂，有“打破牢关后，清风吹太古”之句。1341 年住汉阳三角山重兴寺，开堂说法，学徒云集，并于寺东结太古庵。四十六岁时入元求法，留住燕京大观寺。第二年到湖州霞雾山天湖庵，参访临济宗十八世之法孙石屋清珙，颇得清珙的器重，付以袈裟，以表信征，并且对他说：“衣虽今日，法自灵山，流传至今，今付于汝。”所以普愚是高丽传临济宗嫡流的第一人。他于 1348 年归国，归国后住小雪山，后受王之请，于奉恩寺说法，恭愍王时被封为王师，住广明寺。

普愚在《重刊淄门警训序》中论佛教的思想精神说：“尽大地人，谁无佛性，谁无信心，然不遇圣教，则不发无上菩提之心，长沉苦海，头出头没，虚生浪死，实可悯也。是以佛祖圣贤，作不请友，行无缘慈，为说种种方便，教化调伏，令其生净信心，成就无上佛果菩提。佛果菩提岂异事乎，正是当人本觉心也。”

普愚论佛教第一义说：“有一物，明明历历，无伪无私，寂然不动，有大灵知。本无生死，亦无分别，亦无名相，亦无言说，吞尽乾坤，盖尽天地，盖尽声色，具大体用。言其体，则包罗尽广大而无外，收摄尽微细而无内。言其用，则过佛刹微尘数智慧、神通、三昧、辩才，即现即隐，纵横自在，有大神变，虽大圣莫之能穷。”① 这就是说，第一义无所不包、无处不在、无时不有的，虽然它不可言说，没有名相，无法分别，但却是神妙万能的主宰者。

他进而论述这个第一义与人的关系，他说：“此一物常在人人分上，举足下足时，触境遇缘处，端端的的，的的端端，头头上明，物物上显，一切施为，寂然昭著者，方便呼为心，亦云道，亦云万法之王，亦云佛。”② 这是说，第一义就在人们的日常生活之中，通过人们的动作施为而显现出来，这个第一义就是心，就是道，也就是佛，它是万法之王。

他接着说：“佛言：经行及坐卧，常在于其中。尧舜亦曰：允执厥中，无为而天下治。尧舜岂非圣人乎？佛祖岂异人乎？只明得个此心，更无别法。若此心外，别有一法，便是魔法，元非佛语。”这是以“心”来统合、融合儒佛的思想。普愚在《示乐庵居士念佛略要》中论念佛说：“阿弥陀佛，梵语，此云无量寿佛。佛者，亦梵语，此云觉，是人人个个之本性，有大灵觉，本无生死，亘古今而灵明净妙，安乐自在。此岂不是无量寿佛也。故云：明此心之谓佛，说此心之谓教。佛说一大藏教，指示人人自觉性之方便也。方便虽多，以要言之，则唯心净土自性弥陀，心净则佛土净，性现即佛身现，正谓此耳。阿弥陀净妙法身，遍在一切众生心地，故云：心佛及众生，是三无差别。亦云：心即佛，佛即心，心外无佛，佛外无心。若相公真实念佛，但直下念自性

①② 《太古和尚语录·玄陵请心要》。

弥陀，十二时中，四威仪内，以阿弥陀佛名字，贴在心头眼前，心眼佛名打成一片，心心相续，念念不昧。”这是提倡教禅结合、禅净结合的思想。值得注意的是，他说的净土、弥陀是“唯心净土自性弥陀”，是自心的世界，不是西方世界。普愚的禅风，后来被朝鲜王朝的禅家所继承，成为那个时期的佛教主流，在现代也具有重要影响。

慧勤（1320—1376 年）俗姓牙，原名元慧，号懒翁，岭南宁海人，其居处称江月轩。二十岁入功德山妙寂庵从了然出家，后至杨州（京畿道）天宝山桧岩寺宴坐，精修四年而得开悟。元至正八年（1348 年）入元，抵燕京法源寺参拜西天僧指空。三年后南游，到杭州净慈寺谒拜平山处林，得其印可。又游历明州补陀洛迦山和育王寺，上婺州伏龙山等地，住留一夏，还省法源寺指空，得法衣、拂子及付嘱。至正十五年，奉诏住大都广济禅寺，开堂说法。1358 年东还，在辽阳、平壤、东海等地随机说法。恭愍王封他为王师，并敕住东方第一道场松广寺。

慧勤的佛教思想与普愚相似。他论第一义说：“觉性如虚空，地狱天堂自何而有；佛身遍法界，傍生鬼趣甚处得来。汝等诸人，曰僧曰俗，曰男曰女，从生至死，日用之中，所作所为，或善或恶，皆谓之法也。”他又论心说：“何者为心，心在诸人分上，唤作自己，又唤作主人公。十二时中，受他主使，一切处听他差排，顶天立地也是他，负海擎山也是他，使汝开口动舌也是他，使汝举足动步也是他。此心常在目前，视之不见，听之不闻，着意求之，转求转远。颜子有云：‘仰之弥高，钻之弥坚，瞻之在前，忽焉在后’，便是这个道理。”“这个是诸佛诸祖境界，亦是诸人自古至今受用不尽的本有之物。”① 在这里，他以宇宙为觉界，以万有为佛身，以真心灵明为佛之境界、为法界的根本。其中如引《论语》中颜子语，也透露出儒佛融合的思想信息。

慧勤从这种观点出发，又谈到人的生死问题，他说：“生来一阵清风起，灭去澄潭月影沉，生灭去来无挂碍；示众生体有真心。有真心，休埋没，此时蹉过更何寻。”② 懒翁慧勤的弟子自超（无学），是朝鲜王朝太祖李成桂的王师。

高丽时期的佛教，虽然得到王廷贵族的支持，但到后期实际上已步上了解体之路，它已不能像新罗时期那样成为统合国民精神的意识形态，面对外敌侵略，只能以编《大藏经》来祈愿国家安定，而在民众间，则以佛事求个人及家庭的平安幸福。越到后来，佛教就越失去了信仰性的力量，佛事变为例行的节仪，佛教的祭典则成了歌舞宴乐的场合。

## 第七节　朝鲜王朝时期的佛教

到朝鲜王朝时期，佛教处于受排斥的地位，儒教代替佛教而成为官方的意识形态。朝鲜历代君王大都推行崇儒斥佛

---

① 《懒翁和尚语录·自恣日赵尚书请普说》。

② 《懒翁和尚语录·入寂之辰》。

的政策，佛教走向颓败和衰落，一般只是在传法度中勉强维持其不绝如缕的命脉，思想理论方面的创意不多见。寺院、僧侣及占用土地，均被限定在很小的数量，许多寺院自然成为废寺。

朝鲜王朝建国之初，太祖仍承继高丽时代的遗习，在尊儒的同时也尊信佛教，修行佛事。他曾召见自超（号无学，慧勤的弟子，1327—1405 年），待以师礼，使其相建都之地。自超曾对太祖进言："儒曰仁，释曰慈，其用一也。保民如赤子，乃可为民父母，以至仁大慈莅邦国，自然圣寿无疆，金枝永茂，社稷康宁矣。"（见《朝鲜金石总览》下，转引自忽滑谷快天《朝鲜禅教史》）自超的意见得到太祖的嘉许，随即大赦天下。但自高丽后期，由于佛教的大发展，寺院遍布全国各地，寺院不仅有庞大的庄园，占有大量的土地，而且占有众多奴婢，还经营商业和高利贷等业，腐败之风日趋严重，直接影响到国家经济、财政等许多方面。所以到朝鲜王朝自第三代王太宗王时，即采取排佛政策，同时大力支持前朝末期勃兴的儒教。太宗除了从经济角度限制寺院的发展之外，又把当时的佛教十一宗（曹溪宗、总持宗、天台疏字宗、天台法事宗、华严宗、道门宗、慈恩宗、中道宗、神印宗、南山宗、始兴宗）合并为七宗（曹溪宗、天台宗、华严宗、慈恩宗、中神宗、总南宗、始兴宗）。太宗之子世宗进而把七宗统合为禅、教二宗，曹溪、天台、总南归为禅宗，华严、慈恩、中神、始兴归为教宗。世宗还进一步限定寺院数量（禅、教二宗各十八寺）以及寺院的土地和僧侣人数。后来历代君王多采取削弱佛教势力的政策，甚至规定不准僧侣出入城内。他们被放逐到山中，受到各种压迫，还要筑山城以守卫都城，并为官家服各种杂役。

朝鲜王朝初期，与王室维持着亲密关系的无学和已和（1376—1433 年）等高僧，曾著文论驳排佛的理论，认为佛教与儒教的教理并不相悖，应当儒佛协同一致，共建理想国土。但这仍无法改变李氏朝鲜排佛政策的大趋势。

李氏朝鲜的君王中，只有世祖（1455—1469 年）不取排佛政策，他被称为大护佛王，在他治世期间，是佛教在朝鲜王朝最盛的时代。他设置了刊经都监，组织力量用创制不久的国语文字《训民正音》翻译了《楞严经》《法华经》《金刚经》《心经》《圆觉经》《永嘉集》等佛教经典。世祖还命人创作了佛教乐曲《灵山会上曲》，这是朝鲜王朝雅乐的重要遗产。他又重建汉城的一废寺，定名为圆觉寺，并在那里建起了十层石塔。此外，他还重建或修复了许多寺院，并常去那些寺院巡礼，供养。世祖又规定，僧侣如有犯罪嫌疑，要事先得到国王准许后方可讯问，严禁官吏侵入寺院，僧侣可以自由出入城内。由于他采取了诸多保护佛教的措施，使佛教得到了一定的发展。但是在世祖之后，成宗（1469—1494 年）又着力重建儒教的王道政治，废止了刊经都监，禁止出家为僧，奖励僧侣还俗。这种政策一直继续到王朝末期。

尽管如此，朝鲜王朝仍有一些名僧大德出现，他们为佛法永续而尽心竭力，同时为保卫国家做出了贡献，其中最著名的是休静。

休静（1520—1604 年）俗姓崔，字玄应，号清虚，安州人，因其常居妙香山，故又称西山大师。他幼年父母双亡，十二岁修学，十五岁中进士，二十一岁出家，师事灵观三年，又从曹溪宗的一禅受戒，随后历访五台、枫岳诸名山胜地。三十岁入京赴禅科中选，任至禅、教两宗判事。三十七岁舍职进妙香山教授弟子，道声远闻，被称为僧界泰斗。1591 年丰臣秀吉侵寇朝鲜，宣祖西避龙湾。休静仗剑出山，向宣祖请求组织缁徒抗敌，宣祖遂命他为八道禅教十六宗都总摄。他率领爱国义僧数千人，随同赴朝抗日的明军英勇作战，克复平壤，迎接宣祖还都。明朝提督李如松给休静送帖嘉奖，并题诗曰："无意图功利，专心学道禅，公闻王世急，总摄下山颠。"宣祖赐号"国一都大禅师禅教都总摄扶宗树教普济登阶尊者"。后以年老乞还妙香山，培养弟子，从事著述十余春秋。其著有《禅教释》《禅教诀》《云水坛》《三家龟鉴》《禅家龟鉴》各一卷，《清虚堂集》八卷。主张儒释道三教一致，禅宗、教宗不二。

休静的宗风和思想，继承了高丽末期太古普愚等人的理论和禅风，他所著《三家龟鉴》"佛教"卷劈头便说："有一物于此，从本以来，昭昭灵灵，不曾生不曾灭，名不得状不得。佛祖出世，无风起浪。然法有多义，人有多机，不妨施设，强立种种名字，或心或佛或众生，不可守名而生解。当体便是，动念即乖。"

他又论禅家的"教外别传"说："自迦叶阿难二尊者至

六祖惠能大师，所谓三十三也，此教外别传之旨迥出青霄之外，非徒五教学者难信，亦乃当宗下根茫然不识”①；“今错承禅旨者，或以顿渐之门为正脉，或以圆顿之教作宗乘……或认光影为自己者，至于恣行盲聋棒喝，无惭无愧者，是诚何心哉！……吾所谓教外别传者，非学而知、思而得者也，须穷心路绝然后始可知也，须自首肯点头后始可得也。”②

休静承袭中国明代念佛与参禅并行的风习，提出结合参禅的四种念佛，即口诵、思像、观相、实相。他又论念佛的功德说：“心则缘佛境界，忆持不忘，口则称佛名号，分明不乱。如是心口相应，念一声，则能灭八十亿劫生死之罪，成就八十亿劫生死功德。一声尚尔，何况千万声？一念尚尔，何况千万念耶！”③

休静在《三家龟鉴》“佛教”卷中论禅与教的关系说：“世尊三处传心者，为禅旨；一代所说者，为教门。故曰禅是佛心，教是佛语。若人失之于口，则拈花面壁，皆是教迹；得之于心，则世间粗言细语，皆是教外别传禅旨。”这是说，禅与教是佛心、佛语，本来无二，关键是要领悟其宗旨。他又说：“教门唯传一心法，禅门唯传见性法。心即是性，性即是心。心则从妙起明，如镜之光；性则即明而妙，如镜之体。教门唯执悉达一生成佛者，为小乘机也；多劫修行，相尽

① 《禅教释》。
② 《禅教诀》。
③ 《清虚堂集》卷四。

性显，方得成佛者，为大乘机也；一念悟时，名为佛者，为顿机也；本来成佛者，为圆机也。犹禅，烦恼菩提异执者，为皮也；断烦恼得菩提者，为肉也；迷则烦恼悟则菩提者，为骨也；本无烦恼，元是菩提者，为髓也。”在这里，他对禅宗与教宗的观点进行了具体的比较，说明教禅两者是一致的，在继承智讷教禅调和思想的基础上，又有多方面的发挥。

休静在《三家龟鉴》“儒教”卷中，阐发儒家的思想说：“孔子曰：天何言哉。董仲舒曰：道之大原出于天。蔡沉曰：天者言其心之所自出，此即周茂叔所谓无极而太极也。《书传》序曰：精一执中，尧舜禹相传之心法也；建中建极，商汤周武相传之心法也。曰德，曰仁，曰敬，曰诚，言虽殊而理则一，无非所以明此心之妙也。”他赞扬儒教之德，“其盛矣乎”。他又说：“有客来相访，如何是治生，恒存方寸地，留于子孙耕。为子死孝，为臣死忠，人无忠孝之心，其余不足观也。心统性情，君子存心，恒若鉴空衡平，与天地合其德。于戏，三月忘味，终日如愚，此圣贤忘内之乐也。不贵黄屋，不贱陋巷，此圣贤忘外之乐也。然则圣贤之乐，不在内外，当在何处？古之诗人，观鸢鱼而知道之费隐，圣人观川流而知道之不息。今之学者，岂可不尽心乎？文王之《诗》，无声无臭之天，子思子亦引之，以结《中庸》之义。吁，即吾浑然未发之中也，此周茂叔所谓太极本无极也。”他极力称颂儒家之德、儒家之心，在他看来，儒家的“心”与佛家的“心”是相通的。在《三家龟鉴》“道教”卷中，他阐述了道家与道教的思想，并表示出认同的态度。

休静的出现，给朝鲜王朝的佛教带来了一些转机。他主张禅、教兼修，儒、佛会通，并主张王法、佛法不二，亲率僧兵抗敌卫国，为国家民族建立了奇功，可以说是名垂青史。

休静门下，麟风甚多。其著名者有松云惟政、鞭羊彦机、逍遥太能、中观海眼、静观一禅、泳月清学等。惟政虽于禅道造诣不深，但以忠烈报国而闻名。太能和惟政一样有忧国尽忠之志，但其禅风略胜惟政。海眼、一禅、清学游休静之门，得其心要，而弘传休静之禅最得力者，当属鞭羊彦机。

彦机（1581—1644 年）俗姓张，号鞭羊堂，竹州人。幼年出家，长而挂饧妙香山的西山，得传休静衣钵。而后南询，历参诸老而有所得。在枫岳天德寺和妙香山天授庵开堂讲法，广演禅教，据说由此悟解者不可胜计。他著有《鞭羊堂集》三卷，其中有《答尹巡使偈》曰："不学宣王教，宁闻柱史玄，早入西山室，唯传六祖禅。"表明他不赞成孔孟之教，比较喜欢老庄之学，后来则很快转向禅佛教。《鞭羊堂集》中又有诗吟其逍遥世外的精神境地："云走天无动，舟行岸不移，本是无一物，何处起欢悲。"

彦机和休静一样，也主张参禅与念佛相结合，他说："参禅则念佛，念佛则参禅，初何尝有间哉？"又有诗论念佛云："雨后秋天万里开，川流白石净无苔，念佛人心正若此，娑婆国界即莲台。"

彦机门下最有名的是义谌。义谌（1592—1665 年）俗姓柳，号枫潭堂，京畿通津人。十四岁出家，入妙香山从性淳落发受戒。初参天冠山圆彻，后还妙香山入彦机之室，尽得休静真传。据说他器量宏深，聪慧绝伦，三藏之法文无所不通，以顿悟为心，扶树宗旨，被称为海东中兴之祖。他示寂之前曾有偈云："奇怪这灵物，临终尤快活，死生无变容，皎皎秋天月。"其门下弟子数百人，有霜峰净源、月潭雪霁、月渚道安、枫溪明察、雪峰自澄、青松道正、碧波法澄、幻宴庄六等各成一派。

# 第四章　道家思想与道教在朝鲜半岛

## 第一节　《道德经》与五斗米教东传

中国道家思想和道教传入朝鲜半岛，大概始于三国时代。《三国遗事·宝藏奉老》说：“《高丽本纪》云：丽季，武德、贞观间，国人多奉五斗米教。唐高祖闻之，遣道士，送天尊像，来讲《道德经》，王与国人听之。即第二十七代荣留王即位七年、武德七年甲申也。明年遣使往唐，求学佛老，唐帝（谓高祖也）许之。”这是说，高句丽末期，唐武德、贞观年间（618—649 年），中国的五斗米教已经传到了高句丽，并且在民间造成了相当大的影响。唐高祖得知这种情况后，便派道士送去天尊像，宣讲《道德经》，更促进了道教在高句丽的发展。第二年，荣留王又派使者赴唐求学佛老，得到唐高祖的支持和鼓励。

五斗米教是汉末张道陵所创，其教是宣传以祷请之法给人治病，把病人姓氏及本人悔罪之意写在纸上，一式三份，一份送上天即放在山上，一份埋于地，一份沉之水，叫作

“三官手书”。据说这样就可以把人的病治好。要学此道，需出五斗米，所以称为五斗米教或五斗米道。此道最初在蜀中流行，张道陵之后，张衡、张鲁继续传其道术，造成广泛影响，以后历代皆有信奉者。高句丽人争相信奉五斗米道，大概是与其传统的神仙信仰有关系。《三国遗事・古朝鲜》所引述的檀君开国的神话，说明朝鲜自古即有神仙传说，与中国相似。朝鲜王朝李瀷《星湖僿说》称，秦始皇送方士徐福、韩终等人入海求仙，徐福逃往日本，韩终则逃到朝鲜半岛，其后裔即成三韩之一的马韩。晋王嘉《拾遗记》有言：汉惠帝时有道士韩稚越海来朝谒，韩稚即韩终之子。

照《三国遗事》的说法，唐高祖因听说高句丽人崇信五斗米教，就于624年（荣留王七年，武德七年）派道士送去天尊像，并开始讲说《道德经》，第二年又派人赴唐学佛老。这就是说，《道德经》之传入高句丽，与五斗米教之传入差不多同时。

此后不久，高句丽宝藏王时，权臣盖苏文又正式提议高句丽兴道教。《三国史记・高句丽本纪》载，宝藏王二年(643年)，盖苏文向宝藏王进言说：“三教譬如鼎足，阙一不可。今儒释并兴，而道教未盛，非所谓备天下之道术也。”因此他请求遣使入唐，“求道教以训国人。”宝藏王很赞成他的主张，就派遣使者，奉表入唐陈请。于是，唐太宗“遣道士叔达等八人，兼赐老子《道德经》”。宝藏王非常高兴，以贵宾之礼厚待叔达等道士，并把他们安置在佛寺中，改佛寺为道观，使道士坐儒士之上，开始宣讲道教，从此道教信仰超过儒、佛。

《三国遗事》也记述了这件事情，其《宝藏奉老》一节中说："及宝藏王即位，亦欲并兴三教。时宠相盖苏文，说王以儒释并炽，而黄冠未盛，特使于唐求道教。"《三国遗事》中还说，当道教传到高句丽时，曾有盘龙寺普德和尚多次提出反对意见，认为传道教是"左道匹正，国祚危矣"。但宝藏王没有听取他的意见，他便隐居到深山里去了。从此，道教在高句丽传播开来，道士除讲解道教经典外，还举行各种斋醮，行镇国之术，镇护国家名山大川。当时的古城平壤，势如新月，道士们便"咒敕南河龙，加筑为满月城，因名龙堰城。作谶曰：龙堰堵。且云：千年宝藏堵，或鉴破灵石。"这说明道教的活动十分活跃，而且具有相当的权威。

道教传入百济的具体年代不太清楚，《后周书》甚至说"百济无道士，而僧尼寺塔甚多"。这种说法未免过于绝对了。百济固然是一直佛教势盛，但也不能说没有道家思想的影响和道教活动的踪迹。

《三国史记·百济本纪》记载，近肖古王（356—371 年）时，高句丽进犯百济，近肖古王遣太子近仇首王率军抗击，大败高句丽军，"追奔逐北，至于水谷城之西北。将军莫古解谏曰：'尝闻道家之言，知足不辱，知止不殆。今所得多矣，何必求多。'太子善之，止焉。"

莫古解所说的话，显然是出于老子《道德经》之第四十三章"知足不辱，知止不殆，可以长久"。另外，据《三国史记·乙支文德传》载，隋炀帝（605—618 年在位）时，曾派大将军于仲文率兵征高句丽，高句丽大相乙支文德有诗遗隋将于仲文曰："神策究天文，妙算穷地理，战胜功既高，知足愿云止。"乙支文德之诗的结句，与莫古解的话如出一辙，这说明《道德经》中"知足知止"之训，已盛行于高句丽和百济两国，熏陶着国人的思想。

这里值得注意的是，莫古解是百济近肖古王时人，近肖古王当政是在4世纪的后半期。而乙支文德则是与隋炀帝同时代的高句丽人，当在7世纪前期。上引《三国遗事·宝藏奉老》和《三国史记·高句丽本纪》，也都是说7世纪前期《道德经》才传到高句丽，照此推论，百济之流传《道德经》，反比高句丽早了两个半世纪。但是实际上，高句丽在通过官方渠道从中国传入科仪道教和得到《道德经》之前，道家思想大概早已通过民间渠道传到高句丽了。

百济不仅有道家思想流传，而且也有道教流传的迹象。《三国史记·百济本纪》记载，百济武王三十五年（634年）时，曾"穿池于宫南，引水二十余里，四岸植以杨柳，水中筑岛屿，拟方丈仙山"。这里的"方丈仙山"，是晋王嘉所撰《拾遗记》中的海上三仙山之一，于此可见，在7世纪时，道教神仙思想也在百济传播开来，这与高句丽末期之道教流行，差不多是同时的。

另外，日本人黑板胜美博士曾著《我国古代的道家思想及道教》一文，以为日本的道教是通过百济传入的。他推测，日本应神天皇时赴日献《论语》等书的百济人阿直岐、王仁，"必非为纯粹之儒学者，而宁为道家者流。"日本的《延喜式》中所规定的神祀仪式，即是由阿直岐、王仁从百济传去的①。

## 第二节　新罗仙派

道家思想及道教何时传入新罗，没有明确的史料记载。但最晚到 7 世纪时，老庄思想已在新罗上层传播开来。《三国史记·金仁问传》记述："金仁问，字仁寿，太宗大王第二子也。幼而就学，多读儒家之书，兼涉庄老浮屠之说。……永徽二年，仁问年二十三岁，受王命入大唐宿卫。"唐高宗永徽二年，即是 651 年，那时金仁问二十三岁。而金仁问"幼而就学"时，不仅读儒典，同时也读了道家和佛教的书。由此看来，在 7 世纪前期，《老子》《庄子》等道家的书已列为新罗教育贵族子弟的教材。

《三国史记·新罗本纪》载："孝成王二年（738 年）春二月，唐玄宗闻圣德王薨，……遣左赞善大夫邢琦以鸿胪少卿往吊祭。……帝谓琦曰：'新罗号为君子之国，有类中国，以卿惇儒，故持节往，宜演经义，使知大国儒教之盛。……'夏四月，唐使臣邢琦以老子《道德经》等文书献于王。"

这里说，唐玄宗因为邢琦是"淳儒"，所以派他"持节往，宜演经义，使知大国儒教之盛"。但邢琦出使新罗后，献

① 李能和《朝鲜道教史》(《韩国道教史》)，第五五页，韩国民族文化社 1980 年刊行。该书是本章主要的参考书。

给新罗王的却是“老子《道德经》等文书”。唐玄宗的言与事，似乎相反。对此，李能和的《朝鲜道教史》有一种解释，他认为，邢琦是“儒其名而道其行”。唐玄宗是“奉道之君，尊老子为玄元皇帝，躬享于亲庙。以庄子为南华真人，列子为冲虚真人，庚桑子为洞虚真人，而配享之矣”。所以，玄宗命邢琦“往演经义”，其经义应当是《道德经》，邢琦献《道德经》正是履行其使命。而文中所谓“儒教”，则是“道教”之讹，是儒官偷梁换柱的结果。①

此外，新罗圣德王十八年（719 年），金志诚在庆州造甘山寺及阿弥、弥勒石像，他在《庆州甘山寺弥勒菩萨造像记》中自述说：“弟子志诚，……性谐山水，慕庄老之逍遥；志重真宗，希无著之玄寂。年六十有七，致王事于清朝，遂归田于闲野。披阅五千言之《道德》，弃名位而入玄；穷研十七地之法门。坏色空而俱灭。”②《造像记》比邢琦献《道德经》要早 19 年，而当时老庄之学已经盛行，并且与佛教相融合。

新罗不独有道家思想传播，同时也有道教存在。《东国道鉴》载：“惠恭王十六年（780 年）夏四月，金良相弑王自立。初，王幼冲嗣位，母后临朝。及壮，淫于声色，常作妇女之嬉，好佩锦囊与道流为谑。”可见当时已有道士活动。

关于新罗道教，多有个人修炼成仙的传记。凡放浪山水、

① 李能和《朝鲜道教史》第六七页、六八页。

② 李能和《朝鲜道教史》第六九页。

吟弄风月者，常被人们传为神仙，所以名区胜地，多有仙踪。新罗的花郎道，又叫风流道，其花郎称为国仙。这样，传说中的成仙之人，则成为新罗仙派。

据《三国史记·金庾信传》和《三国遗事》说，真平王（579—632年）时的名将金庾信，天生“禀精七曜，故背有七星文”。十五岁为花郎，十七岁时遇外敌侵犯新罗，慷慨有平寇之志，独行入中岳石窟斋戒，遇一老人秘传方术。又传说他十八岁“修剑得术，为国仙”。有一次，汉山城被高句丽、靺鞨两国的军兵包围，情势危急，金庾信便“于星浮山设坛修神术；……忽有光耀从南天际来，成霹雳”，击碎敌军炮石兵器，敌兵仆地良久，苏醒后奔波而逃。

又据《三国史记》，金庾信的三世孙金岩，自小“好习方术”，在出使唐朝时，曾就师“学阴阳家法”，后来又“自述遁甲立成之法”，受到其师的称赞。归国后为司天大博士，又历任良康汉三州太守、执事侍郎、灞江镇头上等职。有一年，蝗虫侵入灞江之界，蠢然蔽野，百姓忧惧，于是金岩“登山顶，焚香祈天，忽风雨大作，蝗虫尽死”。金岩曾应邀到日本传道，日本国君知其贤能，想把他留在日本，正巧大唐使臣高鹤林赴日，与金岩相见甚欢，日人知金岩闻名于大国，便不敢强留。

对于新罗仙派，李朝时期的文人多有集记。据说新罗的开国之王赫居世，就是仙桃圣母所生，而仙桃圣母本是中国仙女。洪万宗撰《海东异迹》中说，仙桃圣母“本中国帝室之女，名娑苏，早得神仙之术，来止海东，久而不返，遂为神。世传赫居世乃圣母之所诞也，故中国人赞有‘仙桃娠贤肇邦’之语”。《舆地胜览》有“圣母祠在西岳仙桃山（庆州）”之说。

李眉叟《仁老集》中更举例证，说明此类传闻也在中国流行。李仁老说，高丽侍中金富轼（《三国史记》的作者）出使宋朝时曾到一佑神馆，见馆内一堂设有女仙像。馆伴对他说：“此贵国之神，公等知之乎?”接着又说：“古有帝室之女，不夫而孕，为人所疑，乃泛海抵辰韩，生子为海东始王，后为天仙，帝女为地仙，长在仙桃山，此其像也。”

新罗又有永郎、述郎、南郎、安详四仙的传说，影响更为久远而广泛，新罗国内名胜之地，多有四仙游迹。李朝赵汝藉所撰之《青鹤集》说，传为古朝鲜始祖的檀君，其祖父是“桓仁真人，为东方仙派之宗”。桓仁之子桓雄天王，“继志述事，又主风雨五谷三百六十八事，以化东民。”后来，“檀君继业，化行千年，……入阿斯达山仙去。”又有阿斯达山的文朴氏“传檀君之道”。四仙之一的永郎，“遂传文朴之业。”

洪万宗《海东异迹》说：新罗有四仙，即述郎、南郎、永郎、安详，此四仙曾同游高城，三日不返，故其地曰“三日浦”。浦南有小峰，峰上有石龛，峰之北崖石面有丹书六字曰“永郎徙南石行”。所谓“南石行”，大概就是南郎。此外，还有四仙亭、四仙峰、仙游潭、永郎湖、永郎峰、阿郎浦等胜景，据说都是四仙所游之处。

李眉叟《仁老集》有诗曰：“四仙罗代客，月日化飞升，千载追遗踪，三山乐可仍。”李峒隐《义健集》也有诗云：

“四仙遗迹海中山，羽盖芝轮去不还，湖上至今明月夜，玉箫声在白云间。”

四仙之外，《表鹤集》等书还记有许多仙人，如新罗初有瓠公，从东海乘飘风至新罗，为新罗国名宰，“煮玉而食，茹木而衣，呼风唤雨，驱禽喝兽。”瓠公之仙家流派还有昆（音“探”）始仙人，又称琴仙、七点仙人，“貌莹寒玉，语类梵音。”七点仙人之裔有勿稽子，“稚颜雪肤，提壶而歌，以问年考之，几八百岁矣”①。此外还有大世、仇染、玉宝高、于勒、金谦孝、苏嘏、蔷薇仙女等神仙传说。

这些传说中的仙人，多是史无其人。但也有些是确有其人，因其平生或放浪山水、吟风弄月，或通晓道教方术，后人便传称之为仙。特别值得提起的是，新罗有一大批文人学士曾赴唐留学，他们中不少人在唐朝学习过道教，对道教在新罗的广泛传播起了决定性的作用，他们也常被人视为仙家。其著名者有金可纪、崔承佑、僧慈惠、李清、僧明法、权清、崔致远等。

李朝道士韩无畏所撰《海东传道录》，记述了金可纪等人在中国学道的情况，其中说：“唐文宗开成（836—840 年）中，新罗人崔承佑、金可纪、僧慈惠三人游学入唐，可纪先中进士，承佑又中进士，相与游终南山。当时有天师申元之住广法寺，慈惠正寓居寺中，与申元之深相结知，崔、金二人因慈惠也与申元之亲近。通过申元之，三人得见仙人钟离

① 《朝鲜道教史》第七四—八三页。

将军，钟离授三人道法，有《青华秘文》《灵宝异法》《入头岳诀》《金诰》《内观玉文宝篆》《天遁炼魔法》等书及口诀，又有伯阳《参同契》《黄庭经》《龙虎经》《清净心印经》。燃灯相付，一线以传。崔孤云（致远）入唐得还，反学以传，并为东方丹学之鼻祖。其最者，《参同契》十六条口诀也。”

金可纪在唐官至华州参军、长安尉。唐沈汾所撰《续仙传》说，可纪“性沉静好道，不尚华侈，或服气炼形，自以为乐”。后隐逸终南山子午谷，常焚香静坐，又诵读《道德经》及诸仙经不辍。曾一度归国，又复来入终南山，务行阴德，济助贫寒。唐大中十一年（857 年）十月，忽上表言：“奉玉帝诏召，明年二月当上升。”第二年二月，果然有仙人仙杖，迎其升天而去。

崔承佑和慈惠后来回到了新罗。据《海东传道录》等道书说，崔承佑返国后累官至大尉，以口诀授崔孤云及道士李清。李清入头流山修炼得道，九十三岁升去，传道于弟子明法。明法学于慈惠、李清二人，尽得其要，一百一十二岁解去，传于上洛君权清。慈惠也在一百四十五岁时入寂于太白山。权清佯狂为僧，修炼得道，隐于头流山，常与孤云相访，隐现无方。

这些道教传人中，最突出的还是崔致远。他东还故国后，正值乱世，自伤不遇，于是逍遥自放于山水林间，又挈家隐伽倻山。一日早起，遗冠履于林间，人莫知其所终，世称仙去。

崔致远的名著《桂苑笔耕》除收录他的诗文外，还收有斋词十五首，其内容包括科仪道教的各种醮祭仪式和祝文、颂文等。其斋词目录为：《应天节斋词》三首、《上元黄箓斋词》《中元斋词》《下元斋词》二首，《上元斋词》《黄箓斋词》《禳火斋词》《天王院斋词》《故昭义仆射斋词》二首。斋词内容表明他对道教不仅抱有强烈的仰慕之情，而且还有很深的研究，对其发展做出了贡献。

他的《上元黄箓斋词》有："年月朔启请如科仪，伏以有德不德，无名可名，自施倏忽之功，莫究希微之旨。是以紫府乃修心可到，玄关非用力能开。臣志慕真风，躬行正道。……谨修常醮，仰贡微诚，所愿枭覆顽巢，凤回仙驾，帝座与三台永耀，玉畿与九牧皆安。"《中元斋词》有："臣才谢半千，虽惭贤路，心凝正一，早扣玄关，斋诚于八节三元，炼志于龙缄凤蕴。……三尺剑高提在手，须救危时；六铢衣轻扬于身，未谐夙愿。今谨因中元素节，大庆良辰，依宝坛而醮设常仪，企仙阙而拜申精恳，伏愿真风荡涤，玄泽滂流。"《下元斋词》有："臣虽尘役拘身，而云装挂志，大成是望，上达为期，每依郭璞诗中精调玉石，愿向葛洪传上得寄一名，所以仰钦象帝之先，岂在他人之后，听烂柯翁之说，则信惜光阴，览《抱朴子》之言，则不亏忠信。"这些斋词文句优美，颇有深义，开了后朝高丽科仪道教之先风。

## 第三节　高丽科仪道教

高丽自建国之初，就在崇奉佛教的同时，也尊崇道教。

高丽太祖统一三韩之后，每年十一月十五日举行八关斋。八关斋虽名为佛教仪式，实是道教醮祭，即所谓“燃灯所以事佛，八关所以事天灵及五岳名山大川”①。高丽毅宗二十二年(1170年)，又在西京观风殿下教颁令：崇重佛事；归敬沙门；保护三宝；遵尚仙风；继行八关。

李圭景《道教辨证说》记述，高丽仁宗时（1123—1147)，曾筑西京林原宫城，置八圣绘像于宫中，八圣之名：一曰护国白头岳太白仙人实德文殊师利菩萨；二曰龙围岳六通尊者实德释迦佛；三曰月城天仙实德大辨天神；四曰驹丽平壤仙人实德燃灯佛；五曰驹丽木觅仙人实德毗婆尸佛；六曰松岳震主居士实德金刚索菩萨；七曰甑城岳神人实德勒又天王；八曰头岳天女实德不动优婆夷。郑知常撰文赞八圣像说：“不疾而速，不行而至，是名得一之灵。即无而有，即实而虚，盖谓本来之佛。……妥八仙于其间，奉白头而为始，想耿光之如在，欲妙用之现前。恍矣至真，虽不可象，静惟实德，即是如来。”

从以上事实可以看出，高丽时期带有佛道并崇、佛道融合的倾向。道教和佛教一样得到王朝的支持和保护，历代君王都把道教视为护国安民、禳灾求福的重要方策之一，因而道教的各种仪式逐渐完备起来，并与人们的社会生活紧密联系在一起。

高丽第十七世睿宗王（1106—1123）最崇道教，他即位

① 《太祖训要》中。

第二年，就在玉烛亭供置元始天尊像，并令举行月醮。即位第三年，又率近侍三品以上在会庆殿醮昊天五方帝。即位第十四年，在宫廷藏书处清燕阁“命韩安仁讲《老子》”①。即位第十五年，亲到他建立的道观福源宫斋醮，如此等等。睿宗在位十八年，举行过许多道教仪式，仅祈雨醮就达三十七次之多，可见其奉道之真诚热烈。

睿宗王时，高丽人李仲若曾航海入宋学道。李得懋《青庄馆全书》“东国道教”条引林椿撰《西河集》说：“李仲若入山嗜禅学，后航海入大宋，从黄大忠亲传道要，及还本国，上疏置玄观，以为国家斋醮之所，今之福源宫是也。”而《宋史・高丽传》则说：“高丽王城有佛寺七十区而无道观，大观（1107—1110 年）中，朝廷遣道士往高丽，乃立福源观，置羽流十余辈。”

宋朝徐兢曾在徽宗时（即高丽睿宗时）访问高丽，回国后撰《高丽图经》，记述当时高丽道教的情况，其中说：“大观庚寅（1110 年），天子眷彼遐方愿闻妙道，因遣信使，以羽流二人从行，选择通达佛法者以训导之。王俣（睿宗）笃于信仰。政和（1111—1117 年）中始立福源观，以奉高真道士十余人。然昼处斋宫，夜归私室。后因言官论列，稍加法禁。或闻俣享国日，常有意授道家之箓，期以易胡教（指佛教），其志未遂，若有所待然。”李得懋《青庄馆全书》“东国道教”条引林椿撰《西河集》说：“李仲若入山嗜禅学，

① 《高丽史》。

后航海入大宋，从黄大忠亲传道要，及还本国，上疏置玄观，以为国家斋醮之所，今之福源宫是也。”

高丽第一座道观福源观的建立年代，《宋史》《高丽图经》《高丽史》等记述不一，但在睿宗时代则无疑。《高丽图经》又记述说：“尝闻（福源观）殿内绘三清像，而混元皇帝（老子）须发皆绀色，偶合圣朝图绘真圣貌像之意，亦可嘉也。前此国俗未闻虚静之教，今则人人咸知归仰。”可见福源观的建立，对道教在高丽的广泛传播起了重要的促进作用。

睿宗之外，高丽其他君王也大都崇信道教，多行斋醮，毅宗王一生举行醮祭数十次，竟至于一度国库空虚。还有时有中国道士去高丽。高丽恭愍王时，明太祖曾遣道士徐师昊到高丽，“设坛城南。敬行祀事于高丽首山大华岳神及诸山之神、首水大南海神及诸水之神”①。

高丽时代，历代君王大力提倡道教，国家经常举行各种各样的醮礼，有阙庭醮祭、老人星祭、本命星宿醮、太一醮、星变祈禳醮祭、三界神醮、百神醮、别贡斋醮、助兵六丁醮、开福神醮等等，名目繁多，因而促成科仪道教的成熟、发达。于是许多著名文人学士常制醮祭青词，以与醮祭仪式相应。所谓青词，就是用于醮祭的祝愿文、醮礼文及道场文之类，因其书于青纸之上，所以称青词。青词也有多种，如乾德殿醮礼青词、冬至太一青词、乾兴节太一青词、福源宫行诞日醮礼文、王本命青词、天皇醮礼文、天变祈禳五星道场文、

① 《文献备考》。

本命醮礼三献文等。

青词内容，常对道家及道教思想加以发挥，行文清丽，易于诵记。如《东文选》所收金富轼撰《乾德殿醮礼青词》中有："强名为道，妙物曰神。……道非常道，盖自古以固存；神之又神，于其中而有象。包含众妙，统制群生。"其《冬至太一青词》中有："深之深，神之神，返一无迹；大以大小以小，吹万不同。"《乾兴节太一青词》有："独往独来，故疑于独有；常生常化，皆出于常无。"《王本命青词》有："视无形听无声，故难测度；恍有象惚有物，犹可攀依"，等等。很显然，这是以青词的形式来阐发老庄思想，从而强调道教的"道"至高无上，神妙莫测。

著名学者李奎报的《李相国集》中，收有青词多首，其中《天皇醮礼文》有："有所感则通，是曰天尊之妙道；不得已而用，实唯王者之义兵。今者日轮见怪，星度失行，未知天意之如何，寻仰灵府而斯显，致令灾萌遄息，贼气自摧。"其《上元青词》有："道固存于希夷，迎随不见；神若存于恍惚，祸福无常。况属群仙之校录，宜邀上帝之保持，恭按真科，式严净醮。"这一类词语较之上引金富轼的词语，虽也含老庄思想，但更体现了道教的宗教色彩，并且与国事联系紧密。

高丽科仪道教极盛，醮祭的场所有福源观、大清观、神格殿、净事色及九曜堂等数处。凡有醮祭活动，当然就有羽流周旋从事，在众多的道士之中，也必然会有一些较为著名的人。只是文献对此记述甚少，无从详加考究。不过还是有些线索，证明高丽也有仙派。

高丽显宗时，有一位将领叫姜邯赞，本名殷川，衿州（始兴郡）人。据说他出生那天晚上，正巧有使臣夜入始兴郡。见到有大星陨于其家，便把他带去领养。后来在朝为官时，曾有宋朝使节见到他，不觉下拜，说他是文曲星下凡①。他在任西京留守时，曾率兵打败契丹的入侵，显宗剪金花插在他的头上，以示表彰。所以成虚白（李朝人）有诗赞曰："敌退西京花插鬓，威行北汉虎呈形，悠然白日登仙去，依旧青天一点星。"关于"威行北汉虎呈形"一句，世间又有一种离奇传说，说姜邯赞任汉阳府判官时，其地常有虎为患，姜公于是写一帖，命吏人往北汉山谷中拘来两个僧人；僧人拜于堂下，姜公手指僧人说；"汝暂露本身。"二僧人当即脱却袈裟，变成了两只大虎，遵姜公之命，超跃远去，从此汉阳再无虎患。

赵汝籍《青鹤集》等书还记述了高丽中期李茗、郭舆、崔谠、韩惟汉等人隐居山林、修炼成仙的故事，说他们属于新罗仙人大世、仇染一派。这些当然都是世间传闻，不足为信，但也反映了高丽时期不独盛行科仪道教，同时也受到中国修炼道教的影响。

## 第四节　朝鲜王朝之昭格殿

朝鲜王朝一贯奉行独尊儒学的政策，对佛教排斥得极为

① 《高丽史·姜邯赞传》。

厉害，而对道教却较为温和，长期沿袭了高丽时代崇奉道教的遗制，只是缩小其规模而已。

朝鲜太祖李成桂潜邸时就曾在咸兴府南的都连浦筑坛祭太白金星，及其登朝鲜王位，又在每年端午遣中贵人以御衣鞍马致祭。太祖元年（1392）十一月，礼曹上书说："道家星宿醮贵于简严，诚敬而不渎。前朝（高丽）多置醮所，渎而不专。乞只置昭格殿一所，务要清洁以专诚敬。"① 太祖听取了这种意见，把高丽朝时祭天醮星的道观福源宫、神格殿（昭格殿）、九曜堂、烧钱色、大清观、清溪拜星所等处合并为一，定名昭格殿。昭格殿从此成为朝鲜王朝唯一的道观，道教醮仪都集中在那里举行。

太祖三年八月，群臣奉王命商议迁都之事，但诸臣多以为不便迁都，太祖便"决疑于昭格殿"，结果把国都从松都迁到了汉阳。太祖五年，朝廷又征发左右道丁夫二百名营造昭格殿。太祖之后，二世定宗王曾祈祷斋宿于昭格殿。

太宗十七年（1417），礼曹参判许稠建议改建昭格殿。太宗说："予未深知佛法，故不信不毁而任其自为。今醮礼天帝星辰之事，亦未知其实理，然历代帝王与今中华、前朝王氏皆有此礼，故曾命礼曹与提调金瞻等明考旧籍，定其祀宗，去其烦伪。"这说明佛教与道教相比，太宗还是比较支持道教的，他主张遵从中华传统和高丽王朝的遗制，继续奉行道教醮祭，并由笃信道教的金瞻负责确定昭格殿的礼典。金瞻是

① 《朝鲜王朝实录·太祖实录》。

昭格殿最初的提调，他对朝鲜道教多有贡献。

世祖十二年（1466），重新确定官制，同时把昭格殿改为昭格署。昭格殿纯属神殿名称，而昭格署则兼有官署色彩，表明道教管理纳入了国家官僚体制。

燕山君时崇儒废佛，同时也把道教视为“左道”。但他认为，佛、道仍有区别，“佛法妖言惑众，其害尤甚，宜加痛革。道教则非此类。”所以他虽然下令罢昭格署，但只是藏置位版，依然行醮祭，名罢而实未罢。

中宗废燕山君而即位之后，赵光祖等一批儒臣强烈要求罢昭格署，中宗认为是沿袭祖制，不轻听许，但迫于群臣不断施加压力，曾于1518年一度革罢昭格署。不久发生“己卯士祸”，赵光祖等新进官僚受到打击，中宗之母又因病要行祈祷，便于1522年又恢复了昭格署；直到1592年发生壬辰倭乱，昭格署毁于战火，此后未再复建。

昭格署长期以来作为国家一个行政机构，掌管着道教的醮祭活动，它在朝鲜王朝的道教发展中起了十分重要的作用。昭格署有三清殿，掌管三清星辰醮祭。署里的最高官吏是提调，提调下属有令一人，别提、参奉各二人，杂职尚道、志道各一人，此外还有学道者十余人。

成虚白（1439—1504）所撰《慵斋丛话》记述说：“大抵昭格署皆凭中朝道家之事。太一殿祀七星诸宿，其像皆披发女容也。三清殿祀玉皇上帝、太上老君、普化天尊、梓童帝君等十余位，皆男子像也。其余诸坛，设四海龙王、神将、冥府十王、水府诸神，题名位版者，无虑数百矣。”昭格署当然是以老子为最高醮祭对象，此外又醮祭七星、玉皇、老君、天尊、帝君、阎罗、诸天神、诸星辰等。其设像和醮祭仪礼承袭高丽规制，仍然是名目繁多。

朝鲜王朝时期，以昭格殿为中心的醮祭活动仍然得到不少文人学士的支持，他们虽多属儒者，但常作词吟诗咏赞道教。太祖时著名的学者权近即有咏三清诗曰：“地涌灵泉静，山藏道境幽，经营开宝殿，咫尺隔尘区。霄汉仙居迥，云霞鹤驭留，度人多妙诀，降福永千秋。”意在赞赏太祖初创昭格殿之功，同时表达了对道境仙居的仰慕。

15 世纪的名儒金时习有《梅月堂诗集》，其中吟咏仙道的诗词甚多。他曾到三清宫访友，适遇立冬之醮，于是作诗曰：“云散长空星斗寒，琼章读罢礼天坛，玉皇降处围香雾，金母来时驾彩鸾。宝磬有声人寂寂，瑶台无影月团团，三清醮毕门重锁，照殿青灯彻夜阑。”

金时习又有赠道士诗云：“玉清坛上退朝还，环珮珊珊态度闲，灵宝度人飧六气，黄庭换写养三关。奇香满灶晨成药，异气浮空夜入班，乞我半升铛折脚，年来我亦煮溪山。”

朝鲜道教的醮祭活动，虽然是以昭格殿为中心，但也不是绝对限于昭格殿。太祖即位之初，下令革除昭格殿以外的其他醮祭之所，但却因袭高丽遗制，在京城之内，文庙之右设大清观，醮祭天皇、太一等神。到世宗时，因昭格殿内有太一殿以祀太一，才把京城大清观废除了，而地方五道仍各设太一殿来祭太一神。

此外，江华府的摩利山顶，世传是檀君祭天之处，高丽时代即设有星坛，李氏朝鲜依旧在此祭星，又祭玉皇上帝，设云马之乐。宣祖时曾命李栗谷制摩尼醮青词，栗谷以“左道”而未从。到17世纪仁祖时，又在摩尼山中麓建立祠版奉安阁，每年春秋降香祝祀。朝鲜君王又常设坛祭老人星（寿星），其祭仪仿效周制，而坛制则取法宋朝五礼新仪。

## 第五节　朝鲜王朝的丹学派

新罗末期，崔承佑、金可纪、慈惠以及崔孤云从唐朝带回丹学，他们并成为朝鲜半岛丹学的鼻祖。特别是崔孤云所著《参同契十六条口诀》，是有关内丹修炼的名作，其影响广泛而深远。丹学在高丽时期不甚发达，但到朝鲜王朝时期却有显著发展，形成了道教丹学一派，其特征在于注重内丹的修炼。

朝鲜王朝后期的道士韩无畏所撰《海东传道录》中，引述李圭景《五洲衍文》说：“丹派中著书传授者，郑磏《丹家要诀》、李之菡《服气问答》、郭再佑《服气调息真诀》、权克中《参同契注解》为其管键。近世许半洞解丹工多著道书，此丹学之始末也。复有尸解一派，其说尸解有五，即金、木、水、火、土五解。新罗释玄俊入唐学其法，著步舍游刃之术。崔孤云亦游学中原，得其法东来遗忘，得学于玄俊。玄俊，其舅也，著《伽倻步引法》，而又有量水尸解、松叶尸解，其法亦分四五，此皆道家之支末也。”

《海东传道录》又记述了丹学派的传承系统，谈到朝鲜王朝时说：权清授元僎贤，僎贤授金时习，时习授天遁剑法、炼魔诀于洪裕孙，又以玉函记内丹之法授郑希良，参同、龙虎、秘旨授尹君平，君平授郭致虚。郑希良授僧大珠，大珠授郑磏、朴枝华。洪裕孙授密阳孀妇朴氏妙观，妙规授张道观。郭致虚授韩无畏。权清授南宫斗，又授赵云仡。无师授散见诸书者，南趎、崔岛、张世美、姜贵、千丹阳、异人李光浩、岬寺寓僧金世麻、文有彩、郑之升、李廷楷、郭再佑、金德良、李之菡、郑斗诸人。

洪万宗所辑《海东异迹》和赵汝籍所撰《青鹤集》对朝鲜丹学派的记述，多与《海东传道录》交涉互证。朝鲜丹学派中的著名人物有南宫斗、金时习、郑磏等人。

南宫斗大概是16世纪的朝鲜人，李睟光《芝峰类说》称南宫斗是“乙卯（1515年）进士，当时因事亡命，遇异人授秘诀，浮游山水间，年几九十，颜色不衰，人谓地仙”。

《海东异迹》说，南宫斗曾从师学长生不死之教，聚集精神，昼夜不睡。“至第七夜脱然朗悟，精神自觉醒爽。”又炼百日避谷、数息、运气、内视诸法，并读《参同契》与《黄庭内外玉景经》万遍，如此修炼数年。但即将成道时，他却“欲速之心遽发”，“心冲冲终日不定”，结果功亏一篑。于是其师对他说：“尔既缘薄，不合久居于此，其下山长发饵黄精，拜北斗，不杀淫盗，不茹狗牛肉，不害人，则此地上仙行修之不息，亦可上升矣。《黄庭》《参同》，道家上乘，诵持不懈。而《度人经》乃老君传之书，《玉枢经》乃雷府诸神所尊，佩之则鬼畏神钦佩。”据说南宫斗别师下山后，仍遵师训修炼；“采黄精松叶食之，身日益强，须发不白，步履如飞。”

这里所叙述的南宫斗炼丹修道的情形，无疑会有不少虚构、夸张之处，但从中还是可以看出朝鲜丹学派的基本取向，如果从养生学的角度看，或许也含有合理成分。

金时习（1435—1493）以儒者而兼爱道佛。李栗谷《金时习传》谓：时习“以弘治六年终于鸿山无量寺，年五十九，遗教无烧葬，权厝寺侧。三年将葬，启其殡，颜色如生，缁徒惊叹，咸以为佛”。

金时习的《梅月堂集》中，有许多关于道教修炼的内容，如天形、龙虎、服气、修真诸篇，都属于这一类。其“服气”篇有：“夫服气者，心、肝、脾、肺、肾之神也。四正者，言、行、坐、立之正也。五神既安，四正既和，然后习内视法，存想思食令见五脏，有如垂磬，五色了了分明勿辍，乃朝起东面，展两手于膝上，心眼观气，上入泥丸，下达涌泉，朝朝如此，名曰迎气。常以鼻引气，口吐气，微微吐，不得开口，所以然者，盖欲出气少而入气多也。每食必进气入腹者，以气为主人也，此神仙服气之法也。”这与今日气功养生术的呼吸引导之类同出一辙。

其“修真”篇又说：“夫神仙者，养性服气，炼龙虎以却老者也。其养性诀曰：夫养性者，常欲小劳，但莫大疲及强所不能堪。且流水不腐，户枢不蠹，以其运动故也。夫养性者，莫久立、莫久行、莫久坐、莫久卧、莫久视、莫久听，其要在存三抱一。三者，精、气、神也。一者，道也。……

久视伤血，……久听伤肾，……久嗅伤脾，乃至多言伤胆，久卧伤气，久坐伤肉，久立伤肾，久行伤肝。乃莫强饮食、强思虑、伤于忧愁、惫于敬恐、溺于憎爱、沈于疑惑，勿汲汲于所欲，勿涓涓于愤恨，无劳尔形，无摇尔精，归心寂默，可以长生。”

这段论述，把道家和道教的养性（养生）方法讲得极为具体而又有说服力。值得注意的是，金时习并不赞成道家完全消极的“闭目塞听”一类说法，而只是主张“莫久视、莫久听”。所以他接着说：“若以收视反听、瞑目窒口为极，则为人之类，如未化之螟蛉、蟠泥之螺蛤耳，何以言具理应事为一心之全德，直内方外为一身之行业乎！”“具理应事”“直内方外”都是理学家们所积极提倡的。很显然，金时习的修身养性方法，带有某种儒、道融合的倾向。

郑磏，字士洁，号北窗，中宗时（1506—1546）人。据说他生而神异，少年时学禅家六通之法，静观三日，洞知山外百里之事，从此天文、地理、医药、卜筮、律吕、算术、汉语及外国语都不学自通。又曾与道士论道，举《黄庭》《参同》《道德》《阴府》等经，洞陈作仙阶梯，说明他更精于道教。他曾论儒、佛、道三教，说：“圣学以人伦为本，故上达处多下学处专阙。此三教所以异，而仙佛则大同小异也。”①

郑磏所著《龙虎秘诀》云：“修丹之道，至简至易，……盖

① 《海东异迹》。

下手之初，闭气而已。今欲闭气者，先须静心，叠足端坐，垂苓下视，眼对鼻白，鼻对脐轮。入息绵绵，出息微微，常使神气相住于脐下一寸三分之中。念念以为常，至于工夫稍熟，得其所谓玄牝一窍，百窍皆通矣。由是而胎息，由是而行周天火候，由是而结胎，莫不权舆于此矣。”

他讲的修炼的方法，通俗易懂，绝无一般丹学家故弄玄虚的毛病。他认为，有些人把这种简易的修行方法视为“旁门小术”而不加重视，不肯实行，实在是很遗憾的事情。所以他明确地说：“变化飞升之术，非愚所敢言。至于千方百药，莫之与比，行之弥月，百疾普消，可不为之乎！”

当然，他并不反对“千方百药”，而只是说，要在未病之前重视身心修炼，一旦有病，还是要求医治病。这是一种防治结合，以防为主的养生方法，即使在今日看来，也的确是合理的观点。

# 出版后记

中华文明源远流长。在漫长的历史岁月中，我们中华民族创造了辉煌灿烂的文化成就，践行着自己朴素而真诚的人生和社会理想，追寻着具有鲜明特色的伦理价值和审美境界，展示出丰富、生动、深邃的思想智慧。在很长一段时间内，中国文化在世界文明体系中居于领先地位，其影响力和感染力无比强大，从而在铸就中华民族独特灵魂的同时，也为人类文明的发展和进步作出了重要的贡献。

明清之际，由于复杂的原因，中国社会没有能够有效地完成转型，逐步走向封闭和衰落。鸦片战争的失败，更使中国面临数千年未有之变局，使中华民族沦入生死存亡的艰难境地。为了救国于危难，当时的仁人志士自觉不自觉地把目光投向西方，投向西学，并由此对中国传统文化进行了激烈的批判。从洋务运动、戊戌变法，一直到五四新文化运动，在近代中国救亡图存的历史语境中，传统文化的观念和形态，常常被贴上落后、愚昧的标签，乃至被指斥为近代中国衰落和灾难的祸根，就连汉字和中医这样与国人生命息息相关的文化形态，也受到牵连和敌视，被列入需要废除的清单。对本民族文化的这种决绝态度，在世界各民族的历史上都是罕见的，它既反映了我们中华民族创新发展的非凡勇气，也从一个重要侧面，印证了中华传统文化的顽强和深厚。

今天，历史已经走进21世纪，我们中华民族经过不懈的努力和奋斗，迎来了快速发展的良好机遇，国家强盛、民族复兴的曙光就在前方。在这样的时候，在这样的历史背景下，重温我们民族的辉煌、艰难历史，重新认知我们民族的优秀文化和高贵传统，不仅是一种自然的趋势，也是一项庄严的历史使命。理由很简单，我们中华民族要在全球化的背景下真正实现伟大复兴，必须具有足够的凝聚力和创造力，必须具有强烈的自尊心和自信心，而这一切，离不开对本民族优秀文化基因的认同和感念，离不开对优秀传统的继承和弘扬。从这个意义上说，中国传统文化是不绝的源泉，是清新而流动的活水。我们组织出版《中国文化经纬》系列丛书，正是为了汲取丰富的精神滋养，激发我们前行的力量。

本书系计划出版100卷，由著名的中国文化书院组织编写，内容涵盖中国传统文化的各个方面和层级，涉及文学、历史、艺术、科学、民俗等多个领域，力求用通俗易懂的语言，用较少的篇幅，使广大读者对中国历史文化有较为全面的认识，对中国精神和中国风格有较为深切的感受。丛书的作者均为国内知名专家，有的是学界泰斗，在国内外享有盛誉，他们的思想视野、学术底蕴和大家手笔，保证了丛书的学术品质和精神品格。

这是一套规模宏大、富有特色的中国传统文化读本，这是专家为同胞讲述的本民族的系列文明故事，我们期待您的关注和阅读，也等待您的支持和批评。

中国书籍出版社

2015 年 9 月

## 中国文化经纬·第一辑

从黄帝到崇祯：二十四史／徐梓　著
华夏文明的起源／田昌五　著
孔子和他的弟子们／高专诚　著
老子与道家／许抗生　著
墨子与墨学／孙中原　著
四书五经／张积　著
宋明理学／尹协理　著
唐风宋韵：中国古代诗歌／李庆　武蓉　著
易学今昔／余敦康　著
中国神话传说／叶名　著

---

## 中国文化经纬·第二辑

敦煌的历史与文化／宁可　郝春文　著
伏尔泰与孔子／孟华　著
利玛窦与徐光启／孙尚扬　著
神秘文化的启示：纬书与汉代文化／李中华　著
中国古代婚俗文化／向仍旦　著
中国书法艺术／陈玉龙　著
中国四大古典悲剧／周先慎　著
中国图书／肖东发　著
中国文房四宝／孙敦秀　著
中印文化交流史／季羡林　著

## 中国文化经纬·第三辑

先秦名家研究 / 许抗生　著

中国法家 / 许抗生　著

中国古代人才观 / 朱耀廷　著

中国吉祥物 / 乔继堂　著

中国科举考试制度 / 张希清　著

中国人的时间智慧：一本书读懂二十四节气 / 张勃　郑艳　著

中国人生礼俗 / 乔继堂　著

中国文化在朝鲜半岛 / 魏常海　著

中华理想人格 / 张耀南　著

中华水文化 / 张耀南　著